高效陪伴孩子

共度小学时光

张子桐◎编

北方妇女儿童出版社

·长春·

版权所有 侵权必究

图书在版编目（CIP）数据

高效陪伴孩子共度小学时光 / 张子桐编. -- 长春 ：
北方妇女儿童出版社，2025．3． -- ISBN 978-7-5585
-8723-8

Ⅰ．G782

中国国家版本馆CIP数据核字第2024SK7800号

高效陪伴孩子共度小学时光

GAOXIAO PEIBAN HAIZI GONGDU XIAOXUE SHIGUANG

出 版 人	师晓晖
责任编辑	王桂梅
插图绘画	书虫文化
开 本	720mm×1000mm 1/16
印 张	10
字 数	150千字
版 次	2025年3月第1版
印 次	2025年3月第1次印刷
印 刷	三河市南阳印刷有限公司
出 版	北方妇女儿童出版社
发 行	北方妇女儿童出版社
地 址	长春市福祉大路5788号
电 话	总编办：0431-81629600
定 价	49.80元

前言

亲爱的大朋友和小朋友们：

感谢您翻开《高效陪伴孩子共度小学时光》。这本书的创作初衷，源于我对教育的深刻思考和对孩子们纯真世界的无限热爱。在与孩子的互动中，我逐渐发现，他们对世界充满好奇，渴望探索，同时也需要正确的价值观和行为准则的引导。因此，我希望通过这本书，与您一起探讨如何在孩子成长的每一个阶段给予他们最合适的教育和陪伴。

一、小学阶段的重要性

小学时期，是孩子从幼儿过渡到青少年的重要阶段。在这个阶段，孩子们不仅学习基础的文化知识，更在社交、情感、自我认知等方面迅速发展。作为家长，需要认识到这一时期的重要性，并采取积极的措施，帮助孩子顺利过渡。

二、教育理念的更新

随着社会的发展，教育理念也在不断更新。家长不应该仅仅满足于知识的灌输，更要注重培养孩子的创新能力、批判性思维和解决问题的能力。这本书将介绍一些现代教育理念，并提供实际可行的教育方法。

三、家长的角色与责任

家长是孩子的第一任老师，也是他们成长道路上的引路人。在小学六年中，家长的角色尤为重要。我

1

将讨论如何在尊重孩子个性的基础上，引导他们形成良好的学习习惯和生活习惯。

四、与孩子沟通的艺术

有效的沟通是建立亲子关系的关键。本书将提供一些与孩子沟通的技巧，帮助您更好地理解孩子的内心世界，建立起相互信任和尊重的亲子关系。

五、应对挑战与困难

成长的道路上难免会遇到挑战和困难。本书将探讨如何帮助孩子建立自信，学会面对失败，并从中吸取教训，不断成长。

六、教育资源的利用

在信息爆炸的时代，如何筛选和利用教育资源，是每位家长都需要思考的问题。本书将介绍一些优质的教育资源，并提供如何有效利用这些资源的建议。

我希望《高效陪伴孩子共度小学时光》不仅仅是一本书，更是一个工具箱，帮助您和您的孩子更好地迎接未来的学习和生活。让我们一起努力，用知识和爱，充实并美化孩子的小学时光。最后，我希望这本书能够成为您和孩子共同成长的伙伴。在孩子成长的旅程中，让我们一起学习、一起进步、一起享受成长的快乐。愿每一个孩子都能拥有一个快乐、充实的童年，愿每一位家长都能在陪伴孩子成长的过程中收获幸福和满足。

祝福您和您的家庭！

目 录

第五章　琐碎时间也能沟通　137

第一章

小学阶段，
孩子成长的黄金期

幼小衔接关键期——
入小学前的准备

幼儿园升小学是孩子学习路上的第一个转折点，做好准备迎接小学是很有必要的。但是在这个过程中，家长们会遇见各式各样的难题：孩子没法儿适应小学的生活，总是吵吵嚷嚷要回幼儿园……家长应该如何帮助孩子适应小学的生活呢？

想让孩子尽快适应小学生活，首先需要了解幼儿园和小学的区别。

开始上课了！

在学习方面，幼儿园主要通过游戏和活动传授知识，以浸润式教学为主，主要培养孩子的社交能力、创造力和认知能力。而小学以系统的课程为主，有固定的上课时间和课堂讲授，学习内容更系统。

请你回答这道题。

$15+13=$

在环境方面，幼儿园是一个充满欢声笑语、色彩斑斓的世界。而小学则更注重课堂秩序和纪律，环境变得更加规范和安静，师生间的互动更加频繁。

要写作业了！

在课后安排上，幼儿园几乎没有书写作业，旨在培养孩子的动手和创造能力。而小学有必须完成的课后练习和家庭作业，以巩固所学知识，培养孩子的独立学习能力。

在上小学之前，我们要做好万全的准备。

首先是物品准备：书包、铅笔、橡皮和笔记本等。根据学校要求，可能还需准备美术和科学实验用品。考虑天气变化，家长还要为孩子准备替换衣物。小学不像幼儿园有老师随时照顾，孩子需要学会自理。

准备上学去！

其次是心理准备：面对周围陌生的面孔，孩子可能会感到不安，甚至产生抵触情绪。让孩子在步入小学前了解学校环境、课程和日常作息，有助于缓解他们对新环境的陌生感和焦虑情绪。

入学准备！

入学准备

孩子在新环境学习，肯定会出现很多"状况"。

又考试了！

孩子不适应小学的课程和节奏：有的孩子的思维仍停留在幼儿园阶段，他们难以融入小学的学习生活。在小学的教室里，你可能会看到这样一些孩子：有在上课时间还到处溜达的，有盯着窗户往外面看的，有大声喧哗的……这可能导致他们首次学校考试成绩不佳。

孩子对小学产生抵触，留恋幼儿园。一些孩子认为小学和幼儿园相同，但实际体验后，因现实与想象存在差异，孩子可能会拒绝上学，并对家长表现出强烈的依恋。

妈妈，我不想上学！

怎么还不下课呀！

孩子不适应小学的作息时间。在幼儿园的时候，孩子们有很长的午睡时间，但是在小学是没有午睡的。幼儿园课程短，小学课程长，十分考验孩子的注意力。若孩子不能适应这些变化，可能会影响学习和生活。

出现这些状况的时候，作为家长应该怎么办呢？

当孩子跟不上小学的学习内容时，家长要向老师了解孩子的具体学习情况，知道孩子薄弱的地方，然后"对症下药"。

别着急，慢慢来！

学习计划

面对孩子对小学的抵触，家长应给予理解和支持。通过与孩子沟通，鼓励他们与家长分享感受，缓解他们的不安。家长可以向孩子展示小学的新奇之处，激发他们的兴趣。同时，还可以鼓励孩子与同龄伙伴互动，建立友谊，减轻他们的孤独感和压力。

学习很有趣！

对于孩子不适应小学的作息时间，家长可以在家中帮助他们调整作息时间，养成良好的生活习惯。例如，建立规律的作息时间表，培养孩子的自我管理能力。

我们来规划作息时间！

作息时间

学习兴趣培养期——
让孩子爱上学习

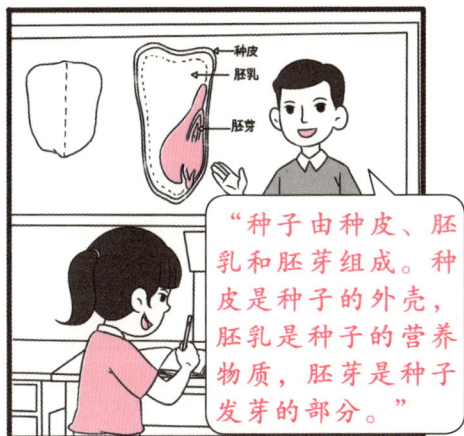

妈妈，我要一粒花的种子！我想自己学习种植。

"种子由种皮、胚乳和胚芽组成。种皮是种子的外壳，胚乳是种子的营养物质，胚芽是种子发芽的部分。"

好的，小兰。你可以试试看。

种子会慢慢发芽，然后长出叶子和花。

妈妈，快看！我的种子发芽了！

太好了，小兰。你做得很好。

如果有人问孩子："你喜欢学习吗？"有的孩子肯定头摇得跟拨浪鼓一样。你是否为孩子不喜欢学习发愁？怎样能让孩子爱上学习呢？

似乎没有哪个孩子天生就愿意学习，毕竟孩子的天性就是玩儿嘛！那他们为什么不爱学习呢？

不爱学习！

练习册

天天待在教室里面有什么意思，还是上体育课好。

有些孩子充满活力和好奇心，他们更喜欢动态的学习环境，而不是被限制在教室中。他们更倾向于通过实践、体验和探索来学习新知识。

有些孩子被别的东西吸引住眼球，如手机、电视和游戏机等。这些设备提供的视觉和听觉刺激往往比学习更具吸引力，可能会使孩子沉迷于虚拟世界，而忽视了学习的重要性。

我再看一会儿动画片就去写作业！

你看看其他同学，他们怎么就考了满分呢？今天不许出去玩儿了，赶紧收拾收拾去补习班！

还有一些孩子，尽管他们学习不好，但仍然努力尝试。然而，如果家长对他们有过高的期望，他们可能会感到压力和挫败，进而开始讨厌学习。

你怎么不听课呀？那我也不听了。

孩子们的行为往往受到周围环境的影响。有的孩子看别的同学不学习，他也不想学习了。

影响孩子不爱学习的因素有很多，以下是其中的三点。

户外更适合我！

不适应学习环境：对于学习环境的适应能力因人而异。如果孩子感到环境不舒适或者不喜欢，可能会影响他们的学习积极性。

学习很没意思！

缺乏学习动力：一些孩子可能对学习本身没有兴趣，或者认为学习对他们未来的发展没有帮助。此外，如果孩子没有明确的学习目标或者对自己的学习没有要求，也可能会缺乏学习动力。

怎么都不会做这道题！

学习方法不合适：每个孩子的学习方法都不同，有些孩子可能采用传统的学习方法，如阅读和写作，而有些孩子则更喜欢通过实践、互动或者创造性的方式来学习。如果孩子的学习方法不合适，可能会影响他们的学习效果和兴趣。

如何培养孩子对学习的兴趣呢？

要激发孩子的学习兴趣，家长需创造一个专注的学习环境，让孩子远离干扰，安静、整洁的空间有助于孩子集中精力。同时，家长应成为孩子的学习伙伴，与孩子一起阅读、探索，鼓励和引导他们提问和独立思考。

我们一起来探讨这本书的内容吧！

你真棒！

不要给孩子施加压力。在孩子学习上遇到困难时，家长应该给予积极的鼓励和支持，帮助他们克服困难并增强自信心。当孩子取得好成绩时，家长也应该及时给予夸奖和反馈，让他们感受到自己的努力和付出得到了认可和赞赏。

逐步增加学习难度。家长应依据孩子的实际需求制订合适的学习计划，从简单的内容开始，逐步提升难度，帮助孩子建立自信。越擅长才会越喜欢，因此家长应该关注孩子的兴趣爱好和特长，引导他们选择适合的学习领域，让孩子在成就和乐趣中爱上学习。

你画得真好！

让孩子对学习感兴趣是学习的第一步，怎么做才能让他们自主地爱上学习、坚持学习呢？

这就是黄鹤楼！

将孩子学习的内容与现实生活联系起来，让他们看到学习的实际应用价值。比如，当孩子学习古诗时，可以带他们去实地参观古诗中描述的景观，让他们感受古诗的魅力。

通过引导孩子参与和学习相关的兴趣爱好，如阅读、写作、绘画等，激发他们对学习的兴趣。这些活动不仅可以锻炼他们的技能，还能拓展他们的视野，让他们更加热爱学习。

书里的故事真精彩！

今天你都学了什么？

帮助孩子养成良好的学习习惯，让他们将认真听课视为日常生活的一部分。通过制订合理的学习计划，并鼓励孩子坚持执行，让他们逐渐认识到学习的重要性，从而自主地投入学习中。

学习节奏适应期——挑战难度升级

春眠不觉晓，处处闻啼鸟。夜来风雨声，花落知多少。

明明，你这样死记硬背是不对的。你要理解这首诗的意思。

嗯，明白了。

看这幅画，春天的早晨，鸟儿在枝头叫，花儿在风中摇曳。现在你明白诗的意思了吗？

春眠不觉……不觉晓……处处……

明明，你怎么还是记不住？

嗯……我想到了春天的早晨，鸟儿在叫……

明明，你看这个卡片，上面写着"春天的早晨"，你想到了什么？

当孩子对学习感兴趣之后，就要帮助孩子找到适合他的学习方法。一个好的学习方法可以让他的学习变得更加有效率。

每个孩子都有独特的性格和思考方式，因此他们的学习风格和节奏也各不相同。有些孩子偏爱死记硬背，通过重复来记忆课文。虽然这种方法在家长看来可能不那么高效，但对于习惯这种方式的孩子来说，却非常有效。

再来一遍：春眠不觉晓……

在公园看书是我的自由时间！

尊重孩子的个性化学习方式，不随意批评或讥笑。学习是逐步深入的过程，每个孩子都有自己的思维和节奏。给他们自由和空间，让他们按照自己的步伐学习。

当然，我们也要引导孩子尝试不同的学习方法，帮助他们找到更高效的学习方式。但是，这个过程应该是渐进的、自然的，而不是强制的、机械的。我们要耐心地引导孩子，让他们逐渐发现自己的潜力，找到适合自己的学习方式。

别着急，慢慢来！

在学习方法的探索上，孩子可能会遇到很多难题。

你一定可以的！

在探索学习新方法时，孩子们可能会感到迷茫和挫败，尤其是当成果不明显时。家长应多给予鼓励，让孩子理解适应新方法需要时间。对于缺乏恒心的孩子，家长应引导他们认识到坚持的价值。

孩子可能不确定自己的方法是否有效，有时他们遇到难题时会默默承受，不愿求助，导致问题加剧。家长和老师应协助孩子建立有效的自我评估体系，以便他们及时识别并调整学习策略。

这是孩子的评估报告！

学习数学和语文的方法不同哟！

孩子可能用同一学习方法应对所有科目，例如，数学需要练习和逻辑推理，而语文则侧重阅读和写作。家长和老师应指导孩子了解各学科的特点，选择合适的学习策略，以提高学习效率。

一些高效的学习方法

制订适宜的学习计划，让孩子学习有序，不超负荷。学习计划应与孩子的实际学习能力相符，避免制订过高目标。将学习分解为小步骤，逐步完成，减少压力，提升学习动力。

确定目标，分解压力！

大声地读，配合我的动作！

同时，可以建议孩子在学习时使用多种感官，如听觉、视觉和动作，这样可以更好地理解和记忆学习内容，例如，在背诵的时候，可以大声地读出来。积极思考也是学习的重要一环，鼓励孩子用自己的语言和思维方式去理解和表达学习内容，有助于加深理解。

合理安排学习时间，避免长时间连续学习，适时休息有助于提升学习效率。最后，"温故而知新"，定期复习能加深理解和记忆，解决学习中的问题。

呼呼……

家长在孩子学习的时候需要这么做。

你分心了？

没有，我在思考！

成为孩子学习的观察者，注意他们的学习方式和习惯。如果发现孩子在某个领域或环节遇到困难，或有不良的学习习惯，如分心、拖延等，家长应适时提醒并帮助其改正。

成为孩子学习的引导者，支持他们探索适合自己的学习方式。肯定孩子的努力与付出，即使结果不理想，也别打击他们的自信。家长可以为孩子提供帮助，如共同解决学习难题，或提供额外学习资源等。

我觉得这道题你可以这样做！

圆满完成各项计划！

计划表

成为孩子学习的支持者，帮助他们养成良好的学习习惯，如制订计划、定期复习、拓展阅读等。这些习惯能提高孩子的学习效率。耐心引导孩子认识养成良好学习习惯的重要性。

学习方法成熟期——
工欲善其事，必先利其器

丽丽，你怎么了？看起来有些失落。

妈妈，我最近考试成绩都不太好，我觉得我的学习方法可能有些问题。

丽丽，不要灰心。学习是一个不断积累的过程，你的学习方法也需要不断调整和完善。我们可以一起分析原因。

在找到合适的学习方法之后，就要鼓励孩子实践和坚持。把合适的学习方法想象成一把利刃，家长要带着孩子在学习的路上披荆斩棘。

丽丽和妈妈一起坐下来，开始认真、冷静地审视她的学习方法。她们发现，丽丽的学习方法有些死板，缺乏灵活性和个性化。

于是，她们决定做出以下改变。

改变原有的学习计划：根据丽丽的实际情况和学习需求，制订符合她个人特点的学习计划。

我的学习计划与众不同！

网课效果也不错！

多样化的学习方法：丽丽之前只做题看书，学习效果不好。现在，她尝试用在线资源、互动工具和小组讨论等多种途径，让学习变得更有趣，有效地提升了学习效率。

培养自主学习能力：虽然丽丽学习很积极，但是一遇到难题就先问别人，自己没有认真思考，所以考试的时候才吃了大亏。丽丽开始试着独立思考和解决问题，培养自主学习的能力。

这道题原来是这么做的！

改善学习方法后，如何坚持下去成为下一个问题。丽丽和妈妈讨论后，决定采取以下措施。

制订习惯养成计划：将大目标分解为小步骤，如每天早上读几遍新古诗，逐步建立良好的学习习惯。这样她能轻松地适应新方法，更易坚持。

早晨是最好的背诵时间！

激励自己：每当完成一个学习目标时，丽丽可以给自己一些小奖励，激励自己不断前进。这样可以增加她的学习动力和乐趣，鼓励自己坚持下去。

学习有进步，奖励你一件礼物！

谢谢爸爸妈妈！

除了改善方法和持之以恒，一些实用的学习小技巧也能帮助丽丽提高学习效率。

合理利用时间！

思想品德　数学

语文　英语

时间管理：合理安排时间，使学习更高效。丽丽可以制订时间表，合理分配学习时间，确保每个科目都有充足的复习时间。对于掌握得较好的科目，可以适当减少时间，多花些时间在需要加强的科目上。

笔记技巧：学会做笔记，有助于回顾和理解知识点。在做笔记时，丽丽可以尝试使用不同颜色的记号笔、特殊符号和缩写等方法来帮助记忆，这样可以更好地理解和记忆知识点，提高学习效率。

做笔记，我擅长！

今天我们要讨论的主题是……

提问与讨论：积极参与课堂讨论和提问，有助于加深对知识点的理解。丽丽可以在课后与同学或老师进行讨论，一起解决问题。

在丽丽的学习过程中，家长的支持和引导也是非常重要的。

与孩子沟通：与孩子保持良好的沟通，了解他们的学习状况和困难，倾听他们的烦恼，提供必要的帮助和支持，这样可以更好地了解孩子的需求和问题。

今天你在学校过得开心吗？

开心，我学会了一首古诗！

在安静的学习环境中才能心静！

创造良好的学习环境：为孩子提供安静、舒适的学习环境，减少干扰和诱惑。这样可以让孩子更加专注和安心地学习。

孩子需要适当的放松和体育锻炼：健康的身体是学习的基础，家长可以鼓励孩子多参加课外活动和社交交往，放松心情，促进孩子的全面发展和身心健康。家长也可以带孩子一起进行体育锻炼，这不仅可以促进大脑的血液循环，还能提高他们的记忆力呢！

我爱踢足球！

小升初关键期——入初中前的准备

妈妈，我今天的课堂表现可好了！

妈妈，看看我的成绩单！

方方，你真棒！以后你就是初中生了。

初中的学科更多，难度也更大，但这也是一个成长的机会。

初中

我要为我的初中生活做好准备！

妈妈，初中的课程和小学有什么不同呢？

在经历过小学学习生活的洗礼后，孩子们也逐渐接受和适应了学习生活，他们即将迈入人生的下一个阶段——初中。在这个关键时期，孩子们需要做好充分的准备，以适应新的学习和生活环境。

小学生升入初中后，面对的是一个充满挑战的新世界。初中生活会有什么样的老师？会有哪些学科？自己被分到了哪个班？有没有认识的小学同学？这些都是孩子们在小升初期间关心的问题。

小学和初中在很多方面都有所不同。首先，学科数量和难度都会有所增加。科目变多，包括生物、历史、地理等，学习内容更深、更广。

为什么我没有卷子？

这是我自己买的！

此外，上小学时，孩子们主要听从老师教导，而初中更注重主动学习，要学会自己找问题、解决问题。

升入初中后，孩子们需要在新学校结交新伙伴。这里就像一个"微型社会"，每天都有新奇的事情发生，不仅包括学习，孩子们还要学会与人相处的技巧。

再见，好朋友！

你的好朋友可真多！

到了初三，为了能进入理想的高中，学习变得更加紧张。

小学升初中是孩子成长的关键期，这一转变要求孩子们做好全面准备，以顺利适应新的学习与生活氛围。准备不充分可能导致孩子感到迷茫和挫败，不利于其长远发展。因此，家长需高度重视小升初阶段，确保孩子顺利过渡。

孩子在小升初的时候会面临很多问题。

无论外界怎么喧闹，我都可以安心学习！

学习适应问题：在初中，孩子们需要适应更多的学科和更高的学习难度。学习时间也变得更紧张，还可能有早自习和晚自习。

社交适应问题：初中的社交圈子比小学要大得多，孩子们需要与更多的同学和老师交往。一些孩子可能会感到难以适应新的社交环境，他们需要提高自己的社交技巧，从而学会与人相处。

你好！

这是我的新朋友！

你好！

有问题大家一起解决！

心理压力问题：随着学习环境和社交环境的变化，孩子们可能会感到压力增大。他们需要学会应对压力，以适应新的学习和生活环境。

在小升初的关键时期，孩子们需要注意以下几点。

做好学习的准备：孩子们需要了解新学科的特点和学习的技巧，比如怎样规划学习时间、有效阅读和理解信息、做笔记等。提前预习一些初中的科目，如数学和英语，可以帮助他们为未来的学习做好准备。

预习很重要！

欢迎新同学！

保持积极的心态：为了帮助孩子们适应新学校、新老师、新同学和新挑战，家长可以在他们上初中前带他们参观新学校，提前熟悉环境。孩子们需要学会应对压力，保持积极心态，以适应新的学习和生活。

我坚持做自己喜欢的事！

学会关注自身：孩子们应该了解到自己的兴趣和长处，挑选适合自己的科目和活动，以便更好地展示自己的优点。初中生活节奏快，孩子们要注意保持良好的作息时间，加强锻炼，以应对学习和生活中的挑战。

在小升初的关键时期，家长也需要做好充分的准备。

你这么做是不对的！

首先，家长需要关注孩子的心理健康。家长要时刻留意孩子的心理变化，帮助他们识别对错，建立正确的人生观和价值观。

我支持你！

其次，家长需要提供必要的支持和鼓励，帮助孩子建立自信。肯定孩子的努力和进步，鼓励他们面对困难和挑战，为他们提供及时的帮助，做一个可以让孩子随时停留休息的港湾。

加油！

最后，要尊重孩子的选择，给他们适度的自由和空间。从幼儿园到小学，孩子都在家长的庇护之下成长，但总有一天孩子会离开家长，学会独自飞翔。给孩子更多的选择，让他们学会自己规划，这对他们未来的生活很有帮助。

第二章

学习习惯养成记

兴趣是一块敲门砖

有的孩子天生充满好奇，对什么事情都很感兴趣，但也有一些孩子，正如文中的文文一样，对什么事情都提不起兴趣，不仅缺乏好奇心和探索精神，更缺少追求新鲜事物的热情和动力。你的孩子也有这样的问题吗？

现代著名物理学家爱因斯坦曾说："兴趣是最好的老师。"行为学家博特·杜邦认为："兴趣是打开潜能的钥匙。"不少学者认为，兴趣的重要性甚至超过了天赋，对孩子的学习和生活至关重要。

兴趣是孩子学习的敲门砖，对孩子的成长至关重要。一旦孩子对某件事产生了浓厚的兴趣，他们不仅能够自动自发地做这件事，而且会始终保持对它的热爱。兴趣会让他们积极向上，从兴趣中体会成长的快乐，并在这一过程中学到更多的知识。

有些孩子对什么都不感兴趣，有些则看似对什么都有兴趣，却不能长久坚持，俗称"三天打鱼，两天晒网"或"3分钟热度"。一些家长不顾孩子意愿，为他们安排各种兴趣班，钢琴、围棋、书法……还有些家长认为孩子不会有所成就，因此放弃对他们的培养。这些做法都欠妥。

钢琴、书法、舞蹈、奥数、美术，全都学！

我家孩子天生不是学习的料，什么都不学了！

父母应与孩子多沟通，善于倾听他们的想法。有的孩子会主动、清楚地表达自己的喜好，而有的孩子则不善于表达，这时候就需要家长的耐心引导和倾听，帮助孩子找到他们喜欢和擅长的领域。

你有一双善于发现的眼睛！

妈妈，你看那只蝴蝶多美！

接触不同领域的事物、参加丰富多彩的活动是帮助孩子发现兴趣、培养兴趣的有效途径。家长可以带孩子去博物馆、科技馆、音乐会、图书馆等场所，开阔孩子的视野，鼓励孩子尝试新鲜事物。

当孩子对某事表现出兴趣和参与欲望时，家长应积极支持，并与他们一同探索。例如，如果孩子对博物馆的标本感兴趣，家长可以找来相关的科普视频，或者购买生物学图书和玩具，鼓励孩子深入探索。

"三人行，必有我师焉"，如果能够帮助孩子找到一群志同道合的小伙伴共同学习，将会更加激发孩子的学习兴趣，有助于孩子将兴趣保持下去。比如可以适当给孩子报名参加一些专业培训班、夏令营等，让他们结识更多的朋友。

每个孩子的兴趣点都不相同，在探索兴趣的过程中，我们一方面要积极引导，另一方面要充分尊重，不能将我们的想法强加到孩子身上，试图将孩子培养成我们头脑中"想要"的孩子的模样。

> 体育多没意思，你应该对奥数感兴趣！

> 妈妈，我对体育感兴趣！

> 咱们再看看书，或者寻求老师的帮助，我相信你一定可以的！

> 爸爸，这道数学题太难了，我做不出来！

任何事情都不是一蹴而就的，当孩子明确兴趣后，在学习的过程中会遇到各种困难。这时候家长要积极鼓励孩子克服困难，以毅力和耐心达成目标，不要轻易放弃。

我们可以帮助孩子制订一些可以量化的小目标，这些小目标就像一座座小山峰，当他们一一爬过后，会拥有成就感和自豪感，不仅会感受到成功的喜悦，也会变得更加自信和阳光。这些成功的喜悦，将成为兴趣的"保鲜剂"。

> 妈妈，我已经了解了50种动物啦！

> 太棒了！下一个目标是60种，加油呀！

培养独立自主的学习能力

你的孩子也像文文这样无法独立完成作业，毫无自主学习的意识吗？面对学习，每个孩子表现出的问题都不相同。有的孩子需要家长的陪同才能完成学习任务，有的孩子对于学习十分懈怠，很少主动学习。这些都是缺乏独立自主学习意识的表现。

对于孩子来说，拥有独立自主的学习能力十分重要。独立自主学习是孩子不依赖老师或其他人的陪伴、指导，主动解决问题的高效学习方式。

独立自主学习可以帮助孩子更好地控制学习的进度和节奏，让孩子聚焦于学习有用的知识，相比于纯粹被动地听教师授课，独立自主学习更容易掌握和理解知识。

我喜欢学古诗，除了老师课堂上讲的，我还有自己的学习计划！

独立自主学习要求个人具备自我监管和规划能力。在没有其他人的帮助下，学习能力会得到锻炼和提高，而这种强大的学习能力对以后的职业生涯和生活大有裨益。

我要完成老师的作业，也要完成自己的计划，要安排好时间！

我能自主学习喜欢的学科，进步很快，这让我很骄傲。

独立自主学习可以让孩子认识到自己的优势，通过学习实现自我价值，培养自信心，从而能更好地适应快节奏的社会发展。

　　一般来说，小学低年级阶段是培养独立自主学习能力的最佳时期，当然，越早培养孩子这方面的能力，孩子就越早受益。任何良好的习惯都是要慢慢培养和养成的，培养独立自主的学习习惯也是如此。因此，家长要讲究方法，帮助孩子养成这样的习惯。

首先，帮助孩子制订学习计划。

　　小学低年级时，陪孩子写作业常让家长感到困扰。家长可以和孩子一起整理当天的作业清单，和孩子一起制订学习计划，让孩子自己决定完成作业的顺序，这样做还能增强孩子的时间管理意识。

其次，帮助孩子确立学习目标。

美国前总统林肯说过："树立正确的目标，等于成功了一半。"孩子可以制订目标计划表，把"需要做的事""能够学到的内容""完成的程度""收获的成就"罗列出来。

> 我发现你最近都能主动完成作业，并且做好预习和复习啦！

> 从时间记录表上看，你最近完成数学的时间变长了，是最近的数学作业多，还是计算时精力不集中呢？

再次，要监督孩子的学习过程。

孩子的自控力毕竟有限，在没有完全养成自主学习的习惯时，我们的监督、提醒和鼓励是十分重要的。

最后，自我评价与总结必不可少。

每过一个月，家长可以帮助孩子回顾和评估当月的总体学习表现，让孩子在获得成就感的同时，了解自身的不足，明确进步的方向。我们也可以在这一阶段进行监督、纠错和指导，帮助孩子成长。

> 苟日新，日日新，每天都要有进步！

> 有计划，有目标，有行动，有评价，勇攀高峰，为你加油！

培养孩子独立自主学习的能力，说起来简单，但操作起来却需要耐心和恒心。在这一过程中，我们千万不要心急，要用爱呵护孩子的成长。

放弃不切实际的期望，建立切实可行的目标。

饭要一口一口吃，路要一步一步走。当我们与孩子商定目标时，不要贪心，过高的期待将会打消孩子自主学习的积极性。

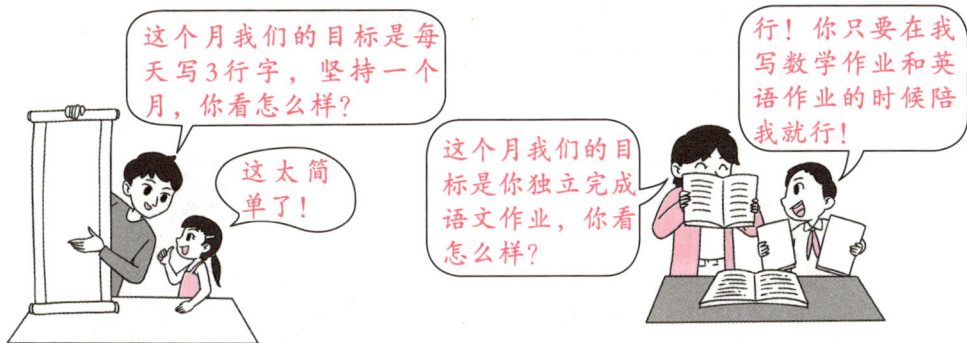

这个月我们的目标是每天写3行字，坚持一个月，你看怎么样？

这太简单了！

这个月我们的目标是你独立完成语文作业，你看怎么样？

行！你只要在我写数学作业和英语作业的时候陪我就行！

正面鼓励优于负面批评。

在独立自主学习的道路上，孩子每取得一点儿进步、每完成一个目标，要及时予以鼓励。同时，当挑战失败时，也不要过多指责和批评。

你连这么一个小目标都无法完成，真是一无是处！

这个月没有完成小目标，我们一起来分析一下，究竟是哪里出现了问题。

第五天我忘了写，第九天我太累了，不想写……

你知道问题出现在哪儿，下次一定能改正的，对吗？

嗯，我会的！

偏科问题要警惕

你的孩子是否同文文一样，喜欢或者擅长学习某些学科，却不喜欢学习另外一些学科呢？对于喜欢的学科，他们学习劲头足，表现也很突出；而对于不喜欢或者不擅长的学科，他们不仅没有兴趣，也不愿意花费时间和精力去钻研。

小学阶段的偏科问题不容忽视。偏科是指孩子对某一门或者某几门学科掌握得比其他学科更好，并愿意为其花费更多的时间和注意力，从而忽略了其他科目的现象。

"一条锁链，最脆弱的一环决定其强度。"无论是上学，还是以后走向社会，能力全面的人才往往拥有更多的机会，而偏科无疑会成为孩子的短板，限制孩子的发展。

一只木桶，最短的一片决定其容量。

文 德 理 社会 体 艺

如果孩子对于某一门或某几门科目偏重，而忽视其他知识领域的探索，会影响他们其他能力的发挥和发展，不利于孩子潜能的发挥。

偏科将影响孩子学业成绩的整体表现，对于学业和职业规划也会产生一定的负面影响。

物理 化学 地理 天文 数学

偏科的影响很大。

从心理学角度来看，偏科的孩子主要分为两类。

一类孩子由于学习方法不当，导致始终无法提升不擅长科目的成绩，长此以往，他们将产生严重的心理负担，不仅丧失信心，还会产生放弃的念头和逃避心理。

另一类孩子在其他科目上有突出的成绩，因而产生自大心理，认为有擅长的科目就足够了，其他科目稍微弱一点儿也没有关系。

当孩子在学习的过程中出现偏科现象时，作为家长，我们应该如何帮助他们呢？

首先，要尊重孩子喜欢学习某些学科的意愿，与孩子充分交流，对孩子喜欢学习的学科给予鼓励和支持。

> 好呀，那我送你一套英文图书！
>
> 我喜欢学英语。
>
> ABC

其次，在尊重孩子喜好的基础上，科学合理地规划时间，确保孩子各学科学习的平衡性。可以建议孩子将喜欢的、擅长的学科排在前面，同时也要分配一些时间给不喜欢、不擅长的学科，先把孩子的学习积极性调动起来。

> 你今天学习1个小时，喜欢学的语文用半个小时，不太喜欢的数学用20分钟，最不喜欢的英语用10分钟。
>
> 我试试。

最后，要加强对孩子的心理疏导。有时偏科会导致孩子在其他领域产生自卑感和挫折感，此时，我们要多关注孩子，肯定他、支持他，当孩子克服一点儿困难、取得一点儿进步时，要及时予以鼓励，培养孩子的自信心。

有的孩子不喜欢学习英语，总是记不住英语单词，于是他的妈妈就把单词编成一些顺口溜或者小图画，帮助孩子记忆。后来，孩子的英语成绩越来越好，最后劣势竟然变成了优势，孩子成了英语的尖子生。

妈妈，我记不住单词。

我来帮你想办法！

有时候，孩子不喜欢学习某门学科，仅仅是因为不喜欢这门学科的任课老师。如果遇到这种情况，家长就要多与孩子沟通和交流，毕竟学习是自己的事情，与其他人无关。

那就试着用100分，向她证明自己！

数学老师看不起我，我不喜欢她！

总之，当孩子出现偏科情况时，既不要急着给孩子随意乱补课，也不要忽视，置之不理，任其发展。毕竟小学阶段最重要的是习惯和兴趣的培养，这才是影响孩子未来学习和发展的大事。

巧妙应对错题

你的孩子是否跟文文一样，认为考过的题目就不用复习了呢？其实，课堂上大大小小的考试都是老师了解学生学习情况的方式。在考试中，孩子难免出现错题或漏题。那么，我们究竟应该如何应对这种情况呢？

错题的重要性：

有些孩子像文文一样，对错题不太在意。明明也是如此，于是，妈妈与明明进行了一次深入的对话。妈妈说："虽然你已经改正了试卷中的错误，但这并不代表你已经完全理解，你需要更多时间来加强记忆。如果你错过这个进步的机会，将来可能会重复犯错。"她拿出孩子半学期的考试卷，指出哪些题反复出错。面对事实，孩子开始认真思考自己的学习态度。

似乎是这样的！

你看看这些题，你一错再错，这就是没有复习的后果！

当孩子拿回一张有错题的卷子时，或者当孩子的作业出现错题时，我们千万不要如临大敌。换个思路去想，错题能够帮助我们了解孩子，也让孩子更了解自己。

错题可以帮助孩子了解自己：
在看到错题时，孩子可以根据错题的原因，找到自身的不足，查缺补漏，进一步理解相关知识点。

这是让我骄傲的错题本！

在改正错题的过程中建立自信：孩子独立把错误的问题改正的过程，是掌握知识和解题方法的过程，与此同时，孩子能在这一过程中获得成就感，从而提高自信心。

找到更好的解题方法：孩子更正错误的过程也是一个思考的过程，思考可以帮助孩子总结经验，寻找多种解题方法，并对其进行比较。这样，当再次遇到类似问题时，孩子便可以从中寻找方法，更好地提高学习效率。

更正错误也是进步！

　　当孩子已经认识到错题需要改正和复习时，我们可以为他们提供一些正确的方法，引导孩子的思维朝着正确的方向发展。

首先，要分析试卷。哪些错题是因为粗心大意导致的，哪些错题是没有掌握知识点导致的，然后把不同原因导致的错题分类整理。

第一类错题写在第一页，第二类错题写在第二页！

哎呀，我会啦！

老师讲这道题的时候，思路是什么？

其次，要让孩子深刻理解错题的原因。 孩子需要分析错题的原因，这有助于孩子避免再犯同样的错误，同时提高解题能力，加强对知识点的理解。

看看你的时间表，确定什么时间复习。

周六下午没有事情，我可以复习！

再次，建立复习计划。 孩子需要学会制订合理的复习计划和时间表。

这是同类型的题目，你试试看，会不会？

全对啦！

会写啦！

最后，要多做练习，懒惰是进步的最大阻碍！ 多做同类型的题目，这样才能巩固学习内容。

　　有些家长对待孩子的学习没有耐心，孩子考得不好时只会批评，久而久之，不仅伤害孩子的自尊心，也让孩子越来越没有自信。独立自主的学习能力需要家长耐心地去培养，为孩子提供成长的机会！

家长可以为孩子准备错题本，记录孩子在学习过程中的错题。

假如我是监考老师！

假如我正在考试！

在帮助孩子养成记录错题、定期复习的好习惯的同时，家长也要帮助孩子养成考试时的好习惯，比如认真审题、仔细答题、全面检查等。家长可以在家里模拟考试场景，帮助孩子纠正错误的答题习惯。

让合适的辅导书"保驾护航"

你的孩子在学习新知识时，也会遇到这些问题吗？

上课时，对老师教授的内容不能完全理解；

课下做题时，无法将知识熟练应用；

考前复习时，毫无头绪，不知从何下手；

测试时，发现没有复习到重点和难点……

为了帮助孩子解决这些难题，家长可以为孩子选择合适的辅导书。

事实上，如何使用辅导书与家长的观念紧密相关。关于这一问题，存在两种极端的思想。

有一些家长朋友认为，额外的辅导书是给孩子增添学习负担，完全没有必要。

学习那么辛苦，何必再加压！

另一些家长朋友则视辅导书为宝典，恨不得将市面上所有的辅导书都买回来给孩子看。

反对！只有多看辅导书，多做题，成绩才能越来越好！

事实上，对于学习来说，辅导书只是一种工具而已。辅导书本身并没有问题，问题在于家长和孩子如何利用。选对、用好辅导书非常重要，它们能够在学习的路上为孩子们"保驾护航"。

辅导书是为了帮助学生更好地理解课本的内容而编写的，它们大多包含课本章节的重难点、对应的练习题和详细的解题答案等内容。那么，孩子该怎么用辅导书学习呢？

用辅导书预习：辅导书会把课本中各章节的学习目的和学习体系进行清晰的划分。这样孩子可以结合学习目的和重难点去翻看课本，完成初步的预习。

思维导图让我的思路更清晰！

辅导书是我的好帮手！

用辅导书巩固知识：学完新的知识后，孩子可以尝试做辅导书上的例题和习题。这些题目能帮助孩子更好地巩固知识，孩子可以借助答案实现自主学习。

利用辅导书复习：孩子可以根据辅导书提供的重难点，结合课本系统地复习。这样既能节省时间，还能帮助孩子全面地掌握知识框架和内容体系。

我需要预习些什么？

看这里！

新学的知识点好难哪！

做这道题！

考试前应该怎么复习呀？

这里！

作为一位孩子即将上中学的妈妈，作者选择辅导书的经验不可谓不丰富。下面是作者为孩子选择和利用辅导书的办法。

首先，要结合教材选择辅导书。作为帮助孩子理解和掌握教材内容的好助手，辅导书的内容应该与孩子所学内容的主题相符。

这套书的内容十分权威，要认真看哟！

其次，遇到同类型的辅导书，要选择口碑较好的出版社和具有经验的权威老师编写的书籍。如果不知道怎么选择，可以参考网络上的书评、简介等。

再次，要选择符合孩子学习需求的辅导书。如果孩子想要预习或复习，可以选择教学目的明确、知识点框架清晰的辅导书。如果为了巩固知识，可以选择带有配套经典例题的辅导书。

不同类型的书，功能不同！

知识　例题

这么多辅导书！

第四，辅导书的数量不宜过多，一旦它们变成孩子的负担，反而影响孩子学习的积极性。选好辅导书后，要合理利用，不要束之高阁，使之无法发挥作用。

最后，也是最重要的一点，尽量让孩子自己选购。孩子会通过不同的辅导书的体系结构，更加明确自己的学习方向。

妈妈，我要选这本用于预习！

我要选这本作为练习！

爱学习从"悦"读开始

你的孩子喜欢阅读吗？他每周花多少时间读书？阅读速度如何？理解力和表达能力又如何？阅读不仅能提升语文成绩，还能给孩子带来乐趣。不爱阅读的孩子阅读速度慢，难以集中注意力，在阅读时感到疲惫，严重时可能导致阅读理解能力不足。

高尔基曾说过："书籍是人类进步的阶梯。"即使在科技高速发展的今天，书籍仍然是我们获取知识和信息的重要途径之一。

阅读可以获取知识和信息：阅读能力能够提高孩子的认知能力、拓展孩子的知识面。

阅读让我增长知识。

阅读可以提升语言能力：通过阅读，孩子可以提高语言表达能力和写作能力。

阅读让我更会说、更会写！

阅读可以增强人文素养：通过阅读，孩子可以学习文化常识，拓展眼界和知识面，从而增强共情、审美、判断等能力。

> 阅读让我大开眼界！

阅读可以启迪心灵：通过阅读，孩子能领略笔者的丰富情感和思想，有助于促进孩子的心灵成长。

> 阅读让我与伟大的作家靠得很近！

阅读可以提高综合竞争力：通过阅读，孩子可以提高理解、思维等综合能力，从而提高综合竞争力。

> 和我做朋友，让你体会精彩故事情节，增强逻辑思维和写作能力。

> 和我做朋友，让你足不出户，领略地球风光。

> 和我做朋友，万物有答案。

> 好精彩呀！

阅读并非与生俱来的能力，如果你想让孩子养成爱阅读的习惯，不妨参考下面这个具有很强操作性和实效性的方法。

首先，阅读需要氛围，家庭的阅读氛围至关重要。家长在家里要多看书，久而久之，孩子也会跟着学、跟着做，这就是以身作则。

其次，多带孩子到书店和图书馆。书店和图书馆拥有非常好的阅读环境。当孩子走进书店或图书馆，会受到环境的感染，自觉地去读书。

再次，阅读要循序渐进，不可贪多。可以让孩子从喜欢的图书入手，逐渐引导他们阅读经典。

最后，我们要关注孩子的读书内容，开展家庭读书交流会，一起探讨书中的内容。这个过程至关重要，是孩子从输入到输出的过程，同时也能够检验孩子的阅读效果。

当然可以。

爸爸，我可以和你一起读书吗？

孩子该读什么书？家长没有挑选阅读材料的能力，该怎么办？作为家长，我们经常会被这些问题困扰，担心为孩子指错了路。事实上，对于阅读这件事，我们可以多听听专家和老师的意见，并结合孩子的自身情况。

首先， 对于不同年级的孩子该读什么书，教育部是有推荐目录的。我们可以按照目录给孩子选择。

其次， 关注书店和出版社的主题阅读活动，在活动中多与专家交流，为孩子选取合适的书。

最后， 经典永不过时，多从经典图书入手，能够提升孩子的读书品味。

做孩子的图书安检员！

糟糕，被发现了！

学习需要耐心和毅力

如果你的孩子出现了上述现象，你就要留心孩子是否缺乏耐心。从心理学的角度来看，培养耐心意味着帮助孩子学会延迟满足。延迟满足是指为了追求更远大的目标，主动克制欲望，放弃眼前的诱惑，它是一个人心理成熟的体现。

延迟满足对孩子来说有许多好处。

自律和自制力： 延迟满足要求孩子们主动控制自己的欲望和冲动，等待更好的时机或更有意义的回报。这能够培养他们的自律和自制力，使他们更好地管理自己的行为和情绪。

再等等，过几天或许会有更好的！

持久力和耐心： 延迟满足需要孩子们忍耐和坚持等待，而不是追求即时的满足。这能够培养他们的持久力和耐心，使他们在面对挑战和困难时能够有更长久的毅力。

我忍，再忍！

长远目标和规划能力： 延迟满足可以让孩子们放眼未来，考虑更长远的目标和回报。他们将学会根据目标制订合适的计划和策略，而不仅仅满足于眼前的需求。

要把眼光放长远，制订长远目标！

虽然只考了81分，但我相信我可以做得更好！

我比你分高呀！

忍耐力和适应性：通过延迟满足，孩子们可以培养忍耐力，学会适应延迟和不如意的情况。这对他们的情绪调节和逆境应对能力非常重要，使他们更加灵活地应对生活中的变化和挑战。

价值观和品德发展：延迟满足能够教会孩子们珍惜和尊重价值，意识到努力和耐心是获得回报的重要组成部分。他们可以形成正确的价值观和高尚的品德，如责任感、毅力、诚实和意志力等。

我帮您！

我对未来充满信心！

知识　技能　成功　自信

学习能力和成就感：通过延迟满足，孩子们可以培养更强的学习能力。他们将意识到：通过努力和长期的学习，他们将可以获得更多的知识和技能，从而提高个人成就感和自信心。

作为家长，首先要有足够的耐心培养孩子延迟满足、克服浮躁，毕竟这并不是一朝一夕就能做好的事情。

所有父母都希望尽己所能地满足孩子的所有要求，但如果真那么做了，非但没有好处，反而害了孩子。当孩子提出一个要求时，你要对他说，自己需要思考一下或者和家人商量一下。

我可以去游乐场玩儿吗？

让我考虑一下！

坚持下去，你一定可以！

在日常生活中，家长可以给孩子设置一些需要付出努力才能达到的目标，如学习新知识、掌握新技能等。当然，在这个过程中，孩子会遇到各种困难。家长要积极鼓励孩子坚持下去，不要轻言放弃。

当孩子通过坚持和努力达成目标时，家长要及时表扬和奖励。如果孩子失败了，家长要鼓励孩子不要气馁。

你已经很努力了，慢慢来！

遇到红灯不要急！

家长也要通过自己的行为来影响孩子，如遇到交通拥堵、等待排队等情况时，可以适当地提醒孩子耐心等待。

爱玩儿是孩子的天性，家长可以在游戏中培养孩子的耐心。

拼图游戏：通过完成拼图，孩子们可以培养集中注意力、坚持和耐心等能力。

集中注意力！

手工制作：编织、折纸或手工绘画等活动也可以很好地锻炼孩子的耐心。他们需要经过一段时间的努力，才能创造出他们心目中的作品。

手工锻炼耐心！

棋类游戏：教孩子玩儿国际象棋、围棋等游戏，这些游戏需要长时间的思考和计划，有助于培养孩子的耐心和战略思维能力。

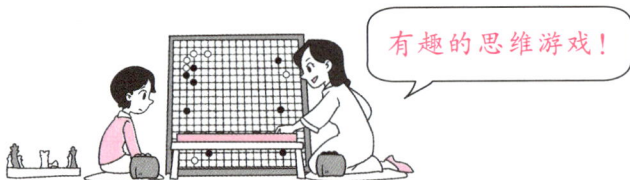

有趣的思维游戏！

当然啦，要想让孩子克服浮躁、拥有耐心，最重要的是家长以身作则，成为孩子的榜样。家长要通过自己的行为和态度，向孩子展示耐心和延迟满足的重要性。

睡前来个小总结

不得不说，现在的家长的确不容易，一方面要处理好工作、安排好生活，另一方面又不想忽略对孩子的关爱和陪伴。如果你有这种想法，那么不妨试试"睡前 20 分钟高效陪伴法"。

一项研究发现了一个提升孩子语言表达能力的秘密武器——睡前 20 分钟与孩子进行互动聊天儿。这个小小的习惯能够帮助孩子们在语言能力上取得显著的进步，而语言能力在一定程度上代表了孩子的独立思考能力。

> 咱们来玩儿一个看图说话的游戏吧。

千万不要想当然地以为孩子们会自然而然地学会更好的表达方式。实际上，如果没有我们的引导和启发，他们可能无法完全掌握。孩子的沟通技巧和互动方式，其实都是从家长的言行举止中学习和模仿的。孩子们最初与人交往的方式，是在与家长沟通交流的过程中习得的。

　　所以，建议家长们都试试"睡前 20 分钟高效陪伴法"。家长不要总是以自己没有时间为借口，而忽视对孩子的陪伴。不妨想一想，我们愿意拿出多少时间陪孩子？陪孩子是不是每天都必须做的事情？这个方法实施起来并不难，就是以孩子入睡时间为标准，倒退 20 分钟，与孩子互动聊天儿。

　　"睡前 20 分钟高效陪伴法"首先要求家长忘掉自己的身份，向孩子敞开心扉。每天在固定的时间聊天儿，给予孩子持续的关注，它传递给孩子的信息是：哇，妈妈每天这么忙还如此关注我，妈妈很爱我，我也很爱妈妈。

聊天儿不要太刻意，可以没有固定的主题，聊天儿不是上课，更不是强制孩子学习。家长的角色不在于教会孩子多少知识，而是激发孩子的内驱力、自省力，让孩子学会思考，并积极面对人生中的问题。所以，睡前高效陪伴的核心是启发心智。

今天我们聊星空吧！

我们可以利用睡前 20 分钟与孩子一起做一个简短的总结和回顾：今天收获了什么，有什么事情做得还不够好，有哪些任务要继续向前推进，有哪些已经达成的目标……如果孩子不反对的话，还可以将当天学习的知识点进行梳理，帮助孩子形成知识结构，便于理解和记忆。

一起来梳理知识点吧！

在睡前的总结里，除了可以聊孩子的一日生活，还可以引入一些有趣的话题，做一些睡前小游戏，帮助孩子放松心情，激发他们的想象力。

我有一个小秘密！

我们平时喜欢做的小游戏是"小秘密交换"，即家长告诉孩子一个关于自己的小秘密，然后鼓励孩子也分享一个他的小秘密。

"故事大漫游"也是一个很有意思的睡前小游戏。我们可以与孩子天马行空地创作一些人物、场景、事件，然后按照各种顺序串联起来。

这个故事太有趣了！

未来可期！

除此之外，我们还可以和孩子畅想未来。希望是生活的种子，种在孩子的心里便会结出热爱生活的果实。热爱生活是一种十分重要的能力。在畅想未来的过程中，我们可以鼓励孩子树立远大理想，为实现目标而努力。

利用睡前 20 分钟高效沟通的方法简单易行，但也需要注意一些问题。

首先，我们要把时间控制在 20 分钟以内；如果时间太长，会影响孩子休息；如果时间过短，可能会让孩子感到我们有些敷衍。

聊天儿多久才合适呢？

其次，跟孩子交流时，要时刻关注孩子的反馈。如果是孩子喜欢的话题，那就多引导孩子表达，家长需要做一个倾听者。如果孩子的反应不热烈，那么家长可以换一个话题或者安静地陪伴孩子。不要一边看手机，一边与孩子交流，这会让孩子感到没有被尊重。

哦，我……

爸爸，你一直看手机，我说的话您听见了吗？

最后，聊天儿的秘诀是用心，一定要避免"尬聊"，不要抛出太难回答的话题，如果家长不会提问，不妨让孩子多表达。如果发现孩子的小心思，不要急于说破，要慢慢引导。

今天我来问，你来答。

好的。

第三章

在小事中
培养健全品格

正确看待"说谎"

上面的场景似曾相识吗？你是否也说过类似的谎话？你曾被别人戳穿过谎言吗？你认为说话是一种好品质，还是坏品质呢？

儿童时期的谎言往往不代表品质问题，因为他们尚未完全建立道德观念，常常将想象与现实混淆。孩子说谎的原因各异，家长应深入了解其背后的动机。

他是在逃避责罚吗？

每个孩子犯错后都害怕家长的批评或打骂，所以他们常常会选择用说谎来掩盖自己的错误，以躲避家长和老师的责罚。如果他们成功了一次，便很容易故技重施，最终形成爱说谎的习惯。

今天语文考得怎么样？

试卷还没发下来！

他是期待获得成就吗？

有些孩子会为了荣誉而说谎，比如他们会夸大其词地对小伙伴炫耀自己的房间很大、压岁钱很多等，通过这样的方式在心理上得到一定的满足感。

我的房间特别大，中间的空地都可以摆放一辆汽车了。

真的？

他是在逃避困难吗？

有一些孩子会用说谎来逃避困难，比如他不想上学，谎称自己肚子疼，以此逃避。

> 我先跟老师请假，然后带你去医院检查。

> 妈妈，我肚子疼。

他是在引起关注吗？

有些孩子希望老师、家长以及小伙伴关注他，便会说些善意的谎言。比如父母工作繁忙，无法更多地陪伴孩子，孩子便会以各种谎言来获得父母的陪伴。

> 爸爸，我的头有点儿疼。

> 我给你按摩一下。

他是受到了环境的影响吗？

孩子是极易受到身边人影响的，如果他身边的小伙伴常常说谎，那么他很容易受到影响，学习伙伴的说谎行为。

> 我昨天和今天都骗了我妈，哈哈！

> 怎么骗的？

家长在孩子面前说一次谎，孩子可能会说十次谎。

孩子的行为往往反映出家长的态度。当孩子出现说谎行为时，家长应审视自身是否有相似行为。孩子长期与家长相处，会模仿家长的行为，父母的榜样作用对孩子的认知发展至关重要。

以身作则

教孩子学习做人做事，并不是简单说教就行的，家长要以身作则，加强自身修养，在孩子面前，家长尽量不说谎话。

> 怎么还没到公司呢？

> 抱歉，今天起床有点儿晚了。

> 你的小伙伴爱说谎，这不是好行为。

> 我知道了。

培养孩子正确的价值观

如果发现孩子交往了一些爱说谎的孩子，尽量带孩子远离他们。如果不可避免接触，那就要告诉孩子什么行为是对的，什么行为是错的，培养孩子正确的价值观。

多与孩子沟通

家长发现孩子说谎后，不要打骂孩子，要知道打骂式的教育负面作用太大。应该先与孩子沟通说谎的原因以及孩子担忧、恐惧或逃避的问题。只有了解了孩子说谎的深层原因，才能有效地解决这个问题。

> 你的肚子不疼，可为什么说谎呢？

> 因为我不想上学。

你对别人说咱家的房子可以摆放汽车，是说汽车模型吗？

用事实戳穿孩子的"假话"和"谎话"

当你怀疑孩子在说"假话"时，除了要搞清楚原因之外，也要确认真相到底是什么，因为只有事实能够戳穿孩子的假话。

正确对待孩子的"假话"和"谎话"

说谎是孩子成长过程中的一个自然现象。他们开始有了自我意识，可能会为了达到目的而说一些小谎言。这时候，家长不应该太严厉，给孩子贴上不诚实或者品德差的标签，这样会伤到孩子的自尊心。我们要告诉孩子，说谎会有不好的后果，并鼓励他们做一个诚实的人。如果孩子承认错误了，我们不应该惩罚他们，因为这样可能会让孩子在下一次继续说谎。

说谎的行为是不对的，还记得狼来了的故事吗？

嗯，大家以后都不再信任那个说谎的孩子了。

你想要做什么可以告诉我，不要以说谎的方式。

我想要一个大一点儿的房间。

满足孩子合理的要求

如果孩子始终得不到家长足够的关注和回应，就会通过说谎来实现愿望。不管孩子出现何种情况，家长都要多聆听孩子的需求，并满足孩子的合理要求。

孝敬父母，懂得感恩

每天妈妈下班后还要为我准备晚餐，真的很辛苦。今天，我要给她一份惊喜。

今天我要给妈妈做一顿惊喜晚餐！

我回来啦！

妈妈辛苦啦！

妈妈，请尝尝我亲手准备的晚餐！

谢谢你，我的孩子。这是我吃过的最美味的晚餐！

　　疲惫时，孩子的一个温暖拥抱就会让父母充满勇气与力量。烦躁时，孩子递来的一杯热气腾腾的茶就会让父母的内心恢复宁静。孩子为父母创造的每一次小惊喜、小感动，无不展示爱的力量，让作为父母的我们感受到无尽的幸福。

孝敬父母是一种优秀品质，对孩子的发展具有积极影响。

孝敬父母对于培养孩子的责任感是至关重要的。当孩子懂得承担家庭责任，乐意帮助父母完成家务、照顾弟弟妹妹时，这种责任感将对他们的未来产生积极的影响。

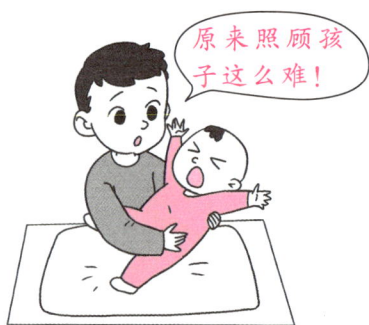

原来照顾孩子这么难！

孝敬父母的孩子一定是懂得感恩的孩子，这是一种很珍贵的品质。当他们明白父母为他们做了很多，他们会懂得感恩的重要性。这样的心态将让他们更加珍惜身边的人和事，也会学会回报别人的好意和帮助。

感谢爸爸妈妈！

孝敬父母的孩子能让家庭更和睦。家庭是孩子成长的地方，我们要建立良好的家庭关系。我们可以鼓励孩子和父母坦诚交流，多了解对方，一起参加家庭活动，这样可以让家庭更亲密、更团结。

我们是亲密的一家人！

孝敬父母能帮助孩子增强责任心和公德心。孝敬不仅是家庭的事，还是一种重要的价值观，对培养孩子的道德品质很重要。当孩子表现出孝敬的行为时，他们不仅表达了对父母的尊敬和关心，还展现了高尚的品德。

如果孩子在家里学会了尊重、关心和分享，这些技能会帮助他们在学校和社会等其他领域中取得成功。他们会更容易与人建立良好的关系，提高社交能力，同时也能促进自己的个人成长。

培养孩子孝敬的品德，可以从以下这些方面入手。

以身作则。作为父母或家庭指导者，我们要为孩子做好榜样，展示对长辈的尊敬、关心和照顾。比如我们可以主动帮助长辈做家务，关心他们的健康状况，或者在重要场合向他们表达感激之情。

> 我来帮忙做家务！

> 妈妈辛苦了！

> 谢谢你！

真诚沟通。与孩子们进行温暖而有效的对话，让他们了解父母辛勤工作和付出的努力。

传承传统文化。通过介绍孝道的传统故事和价值观念，让孩子们深入理解和认同孝道的重要性。例如我们可以讲述《孟母三迁》的故事，让孩子们明白孟母为了给孟子创造一个良好的学习环境而迁居的奉献精神。

> 对，搬到私塾旁边！

> 私塾

> 还要搬家？

> 奶奶，这是我送您的礼物！

建立家庭规则。我们可以制订一些家庭行为准则，比如要尊敬长辈、关心家人等，让孩子们从小就学会这些正确的行为。

勤俭节约是美德

在现实生活中，我们的孩子是否也像故事中的主人公那样，对节约没有正确的认识？甚至当他们正在浪费的时候，全然不觉自己行为的不妥？

勤俭节约是中华民族的传统美德，也是良好的品质和习惯。很多优秀的人都很节约，不浪费，不奢侈。教育孩子时，我们需要让他们知道节俭的重要性，并让他们慢慢养成勤俭节约的好习惯。

要节约粮食呀！

攒钱是好习惯！

培养勤俭节约的习惯能够让孩子从小学会珍惜资源并理解金钱的价值。他们会更加懂得节制消费和合理安排金钱，学会财务管理和预算规划。

此外，培养勤俭节约的习惯有助于培养孩子的适应力和灵活性。他们将逐渐学会在有限的资源下做出最佳的选择，学会"取舍和放弃"这个重要的人生哲学。

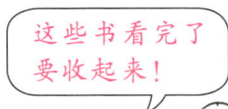

选哪个呢？

这些书看完了要收起来！

同时，培养勤俭节约的习惯有利于孩子形成正确的价值观，比如珍惜食物、物品和资源，学会克制自己的欲望，崇尚实用和简单的生活方式。

此外，勤俭节约的习惯有助于孩子形成自律、自强的品质。他们会逐渐明白，要通过自己的双手去创造财富。

最后，勤俭节约的习惯有助于孩子形成环保的理念，让孩子们通过实际行动减轻地球负担，为可持续发展贡献一己之力。

总而言之，培养勤俭节约的习惯对孩子们来说有诸多好处，无论是在经济、心理，还是社会层面，都能为他们的成长和未来带来积极的影响。

作为父母，我们应该如何培养孩子勤俭节约的习惯和品质呢？

首先，我们要让孩子知道，每一分钱都来之不易。

孩子对工作的辛苦没有体会，自然也不会懂得赚钱的不易。作为父母，不能无条件满足孩子的所有要求，而是要让孩子懂得赚钱不易，每一分钱都要花在刀刃上。

要买必需品！

让孩子参与家务，并给他们奖励。比如，洗碗可以得到一元钱，擦地可以得到五元钱。也可以让孩子做一些适合他们的家务，比如整理房间、洗衣服等，作为交换，他们可以去看电影或去游乐场玩儿。

其次，让孩子懂得节俭是美德，并不丢人。

很多人都觉得勤俭节约是一件丢人的事，认为铺张浪费是理所应当的。归根结底，是"面子思维"在作祟。所以，我们要教育孩子，通过忆苦思甜或者带孩子去条件艰苦的地方感受生活。同时家长要以身作则，为孩子做榜样。

我们把不穿的衣服捐出去！

独立从动手开始

有些孩子在成长过程中可能会因为缺乏适当的引导和鼓励，错过了提高动手能力和独立性的关键时期，这将对他们的独立性的形成产生不良影响，甚至会影响他们成年后的生活。

对于培养孩子的独立性而言，动手实践确实是一个绝佳的起点。它不仅可以帮助孩子们掌握各种生活技能，还可以促进他们的认知发展，提高解决问题的能力，增强自信心。

首先，通过动手实践，孩子们可以学习自理，这包括自己洗衣服、整理房间、做饭以及其他日常生活中的技能。这些技能对于孩子们的日常生活非常重要，因为它们可以帮助孩子们更好地照顾自己，减少对父母的依赖。

劳动最光荣！

其次，动手实践可以促进孩子们的认知发展。当亲自尝试、触摸和操作东西时，他们会更了解这些东西的特点和运作原理。这样的了解不仅可以帮助他们在学校里学好科学、数学等科目，还能让他们把这些知识用在日常生活中。

刷碗也是一门技术活儿！

再次，通过动手实践，可以培养孩子们解决问题的能力。在面对各种情况和挑战时，他们需要学会分析问题、寻找解决方案，并采取行动。这种能力对于他们的生活和学业都非常重要，因为无论是处理日常生活中的问题，还是面对学业上的挑战，都需要具备解决问题的能力。

最后，丰富的动手经验可以帮助孩子们增强自信心。当他们完成一个任务或项目时，他们会感到自豪和满足，这有助于培养积极的自我价值感。这种积极的自我价值感可以激发他们的自信心，使他们更愿意独立尝试新事物。

我们可以观察一下身边动手能力强的孩子，他们通常具有以下特点。

首先，他们的创造力比较强，他们通常能够将学到的知识和技能转化为实际操作，并从中创造出新的东西。

房顶能做什么呢？

哇，我成功了！

其次，他们的自信心比较强。通过动手实践，孩子可以获得更多的成功经验，从而增强自信心。

再次，他们的学习能力更强。动手能力强的孩子通常可以更轻松地理解和接受新的知识和技能，因为他们可以通过实践来加深对知识点的理解和记忆。

做一个塔，可以更直观地观察！

该写作业了！

最后，他们的责任感更强，也更加自律，这两个品质在日常生活和学习中都至关重要。

孩子的动手能力不是与生俱来的，需要我们去引导和培养。当你想要培养孩子的动手实践能力时，可以试试以下的方法。

提供实践机会：让孩子参与家务，如洗碗、整理房间等，这些不仅能教授孩子实用技能，还能培养他们的责任感和自理能力。与孩子共同烹饪，让他们享受制作美食的过程，同时学习使用工具和材料，掌握生活技能。

不错哟，继续努力！

一起探索：家长可通过科学实验和户外探险等活动拓宽孩子的视野，激发孩子的好奇心，提高他们的自主学习能力。共同解决问题能够增强孩子的学习兴趣，例如使用气球和醋进行化学实验，或利用磁铁和金属进行物理实验等，这些小实验既有趣，又有助于培养孩子的观察力和思考力。

今天你能捞到几条鱼？

鼓励孩子勇敢尝试：我们应该鼓励孩子勇敢尝试，不怕失败。如果家里有小电器坏了，在扔掉之前，可以让孩子帮忙尝试修理，但要在确保安全的前提下进行。如果家里买了新家具，如书柜或鞋柜，也可以让孩子参与安装。在这个过程中，教孩子学会看说明书也是一个很好的学习机会。

这说明书有些看不懂呀！

哪里？我来试试！

奖励机制：适度的奖励能有效激励孩子积极参与活动。达成小目标后，孩子可获得小礼物、外出游玩或观影等奖励，这不仅能让他们养成良好的习惯，还能让他们体会其中的乐趣。

这次看展览收获好大呀！

通过以上这些措施，家长可以有效地提高孩子的动手能力、创造力和自信心。同时，家长也应该注意，不要过分干涉孩子的活动，让他们有自由发挥的空间。

树立正确的金钱观

在孩子们的成长过程中，除了学习书本知识，他们还要学会各种生活技能，比如合理地使用金钱。正确的金钱观能让孩子们不浪费金钱，知道怎么管理自己的财务，为未来的生活打好基础。

树立正确金钱观的重要性：金钱观是人们对待金钱的态度和看法。正确的金钱观有助于人们更好地理解和使用金钱，避免浪费和不必要的开支。同时，还可以帮助孩子更好地管理自己的财务，为未来的生活奠定坚实的基础。对于孩子来说，树立正确的金钱观显得尤为重要。

首先， 正确的金钱观可以帮助孩子更好地理解和控制自己的消费行为，学会根据自己的需求和预算进行合理消费。

我为什么只能买书，而不能买玩具车呢？

存钱是个好习惯！

其次， 正确的金钱观可以帮助孩子更好地管理自己的财富，让孩子在未来更好地应对财务挑战和机遇。

我只买我需要的物品！

最后， 正确的金钱观可以帮助孩子更好地理解社会中的商业和文化现象，从而更好地理解和尊重其他人的观点和价值观。

如何让孩子树立正确的金钱观

让孩子树立正确的金钱观，需要家长的耐心和引导。
以下这些方法可以帮助孩子树立正确的金钱观：

让孩子了解金钱的来源和价值。跟孩子聊聊你的工作，告诉他们钱是怎么赚来的，让他们知道钱不是随便就能得到的。还可以带孩子去认识不同工作的人，让他们看到每个人为社会所做的贡献，以及因此得到的回报。

> 儿子，咱家修院墙，你帮爸爸把这些都搬完，给你10元钱。

> 爸爸，还要搬多少砖？

帮助孩子理解需要与想要的区别。家长可以与孩子一起分析所购买物品的必要性，区分需要与想要的区别，帮助孩子理解为什么要购买某种商品或服务，从而避免浪费。

> 选择你需要的，不要浪费。

5.18元/斤　　5.50元/斤

为孩子提供实践的机会。家长可以给孩子一些零花钱，让孩子自己管理，让他们学会如何使用和管理金钱。此外，家长还可以让孩子参与家庭中的一些开支和预算计划，让孩子了解家庭的经济状况以及如何分配和管理家庭财务。

用这笔钱购买这些食材。

好的，爸爸。

鼓励孩子储蓄和投资。家长可以帮助孩子开设储蓄账户，教育他们如何将钱存入账户并使其增值。同时，家长还可以向孩子介绍不同的投资方式，如购买股票或基金等，让他们了解投资的原理和风险。

哇！钱变多了。

把钱存入储蓄账户，会得到利息哦！

教育孩子诚实守信与保持责任感。家长可以向孩子解释诚信与责任感的重要性，鼓励他们在处理金钱事务中保持诚实。同时，家长还可以通过示范作用，如及时还清债务或履行承诺等行为来影响孩子。

有借有还，再借不难。要记住这个道理。

贷款清算

好的，我记住了。

孩子出现不良的金钱观时，家长应该怎么办？

如果孩子出现不良的金钱观，家长们也不要过于担心和焦虑。以下是一些建议，可以帮助家长应对这种情况：

及时发现并解决问题。家长应该密切关注孩子的行为和态度变化，如对金钱的态度和消费行为是否异常等，及时关注并发现问题，以便采取有效的措施进行干预和纠正。

> 这本书是哪儿来的？

> 这本书是小明借给我的，我三天后还给他。

与孩子进行坦诚的交流。了解他们的想法和感受，引导他们正确看待金钱与物质的关系。同时，家长也应该倾听孩子的建议和想法，与他们共同探讨如何解决问题。

制订明确的规则，如合理的零花钱管理制度、购买规则等，并坚持执行。这有助于帮助孩子明确自己的责任和权利，培养自我控制能力，并建立信任关系。

> 做得不错，要坚持执行哦！

> 这是我做的表格。

> 谢谢妈妈！

> 这是你按时完成作业的奖励。

适当地奖励和惩罚，如奖励诚实守信的行为、惩罚浪费或欺诈行为等，以帮助孩子树立正确的金钱观和道德观念。

为了帮助孩子树立正确的金钱观，家长们可以从以下几个方面进行实际操作。

早期教育不可忽视。 在孩子年幼的时候就开始进行财商教育，培养他们对金钱的认识和基本的消费技能，例如通过游戏、角色扮演等方式教给孩子如何区分需要与想要。

> 假如你在沙漠中，只有5元钱，买水还是买糖？为什么呢？

建立一个稳定的奖励制度。 对于孩子做出的积极行为或者取得的学业成绩，家长应该给予适当的奖励，可以是实质性的奖品，也可以是社会性奖励（如拥抱、赞扬等）。同时家长也要让孩子明白，他们的努力是获得奖励的关键因素。

> 这次我考了100分。

> 太棒了！奖励你一个大大的赞。

帮助孩子理解购买决策。 这样可以帮助他们明白购买决策的过程，并认识到商品的性价比。同时也可以在购物前，在家里做一些模拟购物活动，让孩子明白购物需要做好预算，并选择合适的商品。

> 为什么选择购买小汽车了？

> 因为我已经有一只小恐龙了。

> 今天我来刷碗。

> 你好棒啊！

与孩子共同承担家庭责任。 在家庭生活中，鼓励孩子承担一些简单的责任和任务，如帮助整理房间、洗碗等。

考试分数的意义

对于小学生来说，关于考试分数，他们可能会存在一些错误的想法。

有些孩子觉得考试分数就像一把尺子，用来衡量他们学到的知识和能力。他们可能太在意分数，而忘记了学习过程中的其他重要方面，比如批判性思考、创造性思维和团队合作等。

这次考试没考好，还是学得不够多。

有些孩子错把考试分数低等同于失败。这种想法可能会让他们缺乏自信，感到沮丧，甚至对学习失去兴趣。

唉，怎么学都学不好。

有些小朋友很希望得到老师的关注和喜爱，他们认为只有考得好才能被老师认可。这可能导致他们只关注分数，而忽略了学习过程中的其他重要方面，比如学习方法和兴趣等。

这次考试考得不错，老师应该会喜欢我。

有的孩子认为家长对他们的评价也是基于考试分数的：考得好，父母会喜欢他们；考得不好，父母会指责他们。这可能会让孩子感到压力和焦虑。

分数这么低，你怎么考的！

这次分数很高，我很喜欢。

最后，有些孩子可能认为，除考试分数外，没有其他评价他们学习成果的方式。

这次我会考多少分呢？

可能不是所有孩子都这么想，但是家长和老师应该注意并及时纠正这些错误的想法。我们应该帮助孩子建立正确的学习价值观和学习动力，不要只是看重分数哦！

分数固然重要，但更重要的是学习过程。

作为家长，我们要正确看待孩子的考试分数。

　　家长不要将考试分数视为孩子学习进步的唯一指标。成绩的提升意味着孩子在学业上取得成长，而未达预期的成绩则是家长了解孩子需加强领域的好机会，家长要给予他们更多的关注与支持。

你的分数一直都在提升，很棒哟！继续加油！

100分只能说明我掌握了试卷上的全部问题，并不代表我掌握了所有的知识点。

　　给予孩子积极的反馈。家长可以通过给予孩子积极的反馈来鼓励他们。如果孩子取得了好成绩，可以表扬他们的努力和成就。如果孩子的成绩不如预期，可以鼓励他们继续努力，并提供支持。

不要气馁，继续努力！

我会继续努力的，谢谢爸爸。

这是帮你制订的学习计划。

帮助孩子制订学习计划。家长可以帮助孩子制订学习计划，以帮助他们更好地准备考试，这包括制订学习目标、制订时间表和提供额外的资源和支持。

注重孩子的全面发展。除了学习成绩，家长也应该关心孩子的其他方面，比如他们的兴趣、爱好和社交能力。鼓励孩子全面发展兴趣，帮助他们更好地适应社会并发掘自己的潜力。

我真的很棒！

学得很棒，继续加油！

加油！

总之，正确看待孩子的考试分数非常重要。家长应该避免过度强调分数，而应该更关心孩子的学习过程、兴趣和动机，并给予他们积极的反馈和支持。

有爱心的样子很美

这是小红，她是一个有爱心的孩子。

当她看到同学摔倒时，她会立刻上前帮忙。

他们一起来到学校保健室，保健医生正在细心地为同学处理伤口。

同学感激地望着小红，两人握手道别。

爱心是一种宝贵的情感，它让我们更加善良，能够理解和关心他人。当我们用爱心去看待世界时，我们会发现人与人之间的关系变得更加紧密。我们愿意倾听他人的心声，体会他们的快乐和痛苦，给予他们真诚的帮助和支持。

> 我们要心怀爱心，善待世界！

爱心能够为社会注入一缕缕暖意，促进社会和谐发展。当我们帮助那些遇到困难的人时，我们不仅给他们带来希望和快乐，也给所有人树立了好榜样。爱心很有力量，它能鼓励更多的人做好事，一起创造一个和谐的、充满爱的社会。

> 谢谢你，小伙子！

> 我来帮您！

> 爸爸好棒，爸爸加油！

爱心让我们更快乐。当我们帮助别人时，我们会感到很开心，因为我们的帮助让别人的生活变得更好，这种快乐是金钱买不到的。当我们遇到困难时，爱心也会让我们感到温暖，给我们勇气去面对挑战。

爱心还能够培养我们的正向价值观和品德，它教会我们尊重他人、关心他人，培养正确积极的同理心和宽容心。当我们以爱心对待他人时，我们会更加善良、友善，这些品质将成为我们生活中的重要支撑，让我们成为更好的人。

让我们时刻保持一颗爱心，用它去温暖世界、影响他人。无论是送给陌生人的微笑，还是关注和帮助需要的人，每一份爱心都能让世界变得更加美好。

　　家长不仅是孩子的监护人，更是他们人生路上的引路人。因此，我们应以身作则，展示对他人的关心和热心，尊重他人的权利，并乐于助人。

　　做正面榜样。 当孩子看到家长对他人充满关爱时，他们也会逐渐学会关爱他人。当他们看到家长帮助需要帮助的人时，他们也会明白在他人遇到困难时伸出援手的重要性。

下次我也要帮妈妈洗脚。

妈妈，我帮您洗脚。

　　鼓励分享与合作。 鼓励孩子与他人分享玩具、食物，一起完成任务，让孩子在合作与分享中体验快乐和成就感。

别放弃，我们还有机会！

加油。我们要赢了！

带孩子参加公益活动。 引导孩子参加公益活动可以让他们亲身体验帮助他人的快乐和成就感，让孩子看到自己的力量可以帮助他人，明白每一个人都有能力为社会做出贡献。

培养同理心。 我们要引导孩子去理解他人的感受，培养他们的同理心。让他们学会倾听他人，理解他人的需求和情感。这样，他们才能更好地与他人交往。

及时肯定与鼓励。 当孩子展现出善良和爱心时，家长应及时给予赞扬和鼓励，让他们知道自己的善良是被看见的和欣赏的。这样，他们会更加愿意去关心和关爱他人。

你真是一个善良的、有爱心的孩子，你很棒！

营造和谐的家庭氛围。 温暖和谐的家庭环境会让每一个家庭成员都感受到被关爱、被尊重。通过家庭聚会、家庭大扫除等方式，可以培养孩子的责任感和关心他人的意识。

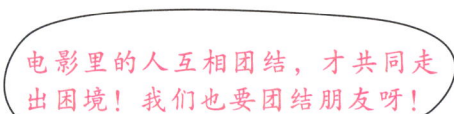

你真棒！

爸爸，我来扫地！

电影里的人互相团结，才共同走出困境！我们也要团结朋友呀！

善于利用教育资源。 选择一些有关友谊、帮助他人、公益事业等主题的故事和影片，与孩子一起分享，一起讨论。

亲爱的家长朋友，培养孩子的爱心需要时间和耐心。让我们用爱去浇灌孩子，让他们成为友善、乐于助人的参天大树。让我们用行动去引导他们，让他们明白爱心是人生的无价之宝。在这个充满爱的过程中，我们不仅可以让孩子变得更优秀，还会在他们心中播下爱的种子，让这个世界变得更加美好。

第四章

玩物不丧志

快乐的游戏时光

不行呀，我要做饭呢！

妈妈，您能陪我玩儿一会儿吗？

爸爸，您能陪我玩儿一会儿吗？

我很累呀，你自己去玩儿吧！

大人总是有忙不完的事情，他们如何能理解我们孩子的孤独哇！

　　很多家长工作一天后身心疲惫，下班回到家还要承担烦琐的家务劳动。当一切处理妥当，他们往往已经累得只想瘫倒在床上，根本没有时间和心情陪伴孩子。

　　为了不让孩子打扰自己休息，很多家长会选择给孩子买玩具、买书，或者让孩子看电视、玩儿手机。总之，孩子不来打扰他们就行。

亲子游戏是一种高质量的陪伴方式。

　　要想培养一个聪明的孩子，亲子游戏的重要性不容忽视。在亲子游戏的过程中，孩子可以认识世界、学习知识。不仅如此，亲子游戏有利于建立良好的亲子关系，是一种高质量的陪伴方式。

你拍一，我拍一！

　　首先，家长和孩子可以在游戏中获得很多乐趣，进而增进彼此之间的感情。

你看看谁像地主？

　　其次，游戏可以培养孩子的行动能力、思维能力、观察能力等综合能力。

妈妈，都三次了，您还没跳过去。

　　再次，亲子游戏不仅能让家长发现孩子身上的问题，也能让家长发现自己的不足。

哈哈，我年纪大了，反应没你快！

最后，家长可以利用亲子游戏纠正孩子的问题，锻炼孩子解决问题的能力，培养孩子"输得起"的优秀品质。

> 哈哈，我又输啦！

> 我有一个乐观的爸爸呀！

> 可是，忙碌的家长如何挤出与孩子共享快乐的游戏时间呢？

首先，家长要善于规划时间。无论是爸爸还是妈妈，每天都有很多事情要做。家长既要工作，又要处理生活杂事，还要抽出时间陪伴孩子和老人、参加社会交往活动。如果没有科学合理的时间规划，那么生活将会是一团乱麻。所以，不妨在每周日制订下一周的工作计划，将亲子游戏时间固定在某一天或者某几天。家长可以与孩子一起探讨周计划，既让孩子理解家长的忙碌，也让孩子珍惜游戏时间。

> 星期一我要做……星期二我要做……星期三……星期日，这周好忙啊！哪天能挤出时间陪你玩儿呢？

> 不如周五吧，我们可以稍微晚点儿睡。

我会继续努力的！

不错呀，连续四周都陪我玩儿，给你打100分！

其次，家长要信守承诺，这是与孩子建立信任的过程。一旦商定好计划，家长和孩子双方都要尽量按计划执行。这样，孩子才会对家长产生信任。

再次，每天留出一定的"机动时间"。所谓机动时间，就是一旦家长身体不适或者要处理临时事件，那就可以与孩子商量将游戏时间挪到机动时间中。

闺密临时有约，咱们明天玩儿游戏。

好吧！

我们陪你玩儿警察抓小偷吧。

我同意！

最后，尽量选择有动有静的游戏。如果家长的工作强度不大，那么可以选择如花样跳绳、一二三木头人等偏运动类的游戏。如果工作强度大或疲惫感强，那么可以选择如打扑克、下跳棋等策略类游戏。

如何选择游戏？

1. 尽量选择家里所有人都能参与的游戏。参与游戏的人越多，游戏当中出现的各种情况就越复杂，这样既能增强游戏的趣味性，也更有利于培养孩子的观察能力、思考能力。

2. 游戏要有动有静，这样既能锻炼孩子的身体，也能开发孩子的智力。

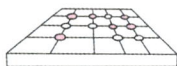

3. 选择游戏时，要考虑孩子的年龄和发展阶段，确保游戏的安全性和互动效果。

4. 选择游戏时，既要考虑趣味性和互动性，也要注重教育性和启发性。

快乐的游戏不仅能建立良好的亲子关系，培养彼此之间的信任，也能为孩子的童年增添更多的欢声笑语。作为家长，这不是我们最希望看到的吗？快去跟孩子一起做游戏吧！

网络游戏的悲喜

如今，越来越多的儿童沉迷于网络游戏，这让许多家长感到非常担忧。家长们担心孩子在游戏中花费过多的时间，影响学业和日常生活，甚至可能导致身心健康出现问题。

再玩儿一把！

对于这一现象，我们可以从积极的角度来看待。合适的网络游戏可以成为孩子的学习工具，例如某些教育类游戏可以帮助孩子们提高认知能力、语言能力和社交技能。这些游戏通过寓教于乐的方式，激发孩子们的学习兴趣和动力。

耶！游戏又通关了。

此外，网络游戏也可以帮助孩子们拓展社交圈子。在游戏中，孩子们可以结交来自世界各地的朋友，通过合作和交流建立彼此之间的信任和友谊。这些社交互动对孩子们的成长和发展也是非常重要的。

下局游戏我跟你一起玩儿！

我们一起玩儿，一定能赢！

网络游戏的负面影响是不容忽视的，过度玩儿游戏会对孩子的身体和心理健康产生负面影响，并使家庭关系变得格外紧张。游戏成瘾的负面影响集中表现在以下几个方面。

玩儿了这么长时间的游戏，肯定写不完作业了。

游戏占用了学习时间，可能导致功课没有按时完成，影响学习成绩。长时间玩儿游戏还可能影响注意力和专注力，导致孩子无法高效学习。

我的眼睛好痛，身体也不舒服。

孩子长时间坐在电脑前或其他游戏设备前玩儿游戏，可能导致眼睛疲劳、颈椎损伤和其他与久坐有关的健康问题。此外，缺乏运动可能引发肥胖等身体健康问题。

儿子，怎么不跟妈妈说话呢？

过度沉迷于游戏的孩子会出现明显的社交能力下降。他们沉迷于虚拟的网络世界中，与家人和朋友的交往越来越少，从而导致社交隔离。同时，沉迷游戏会让孩子失去时间的概念，导致时间管理能力下降。

作为家长，与其在孩子沉迷游戏时采取纠正行动，不如提前预防，积极引导孩子正确对待网络游戏。通过早期引导和教育，我们可以帮助孩子建立正确的游戏观念和习惯，避免游戏成瘾的问题出现。

要控制好玩儿游戏的时间，不要沉迷！

与孩子建立开放的沟通渠道，让他们感受到你的关心和理解。当孩子愿意与你分享他们在游戏中的体验和遇到的问题时，你就能更好地了解他们的需求和困惑。

这个游戏要怎么玩儿呢？

这个游戏是俄罗斯方块，要这样玩儿……

设定明确的游戏时间限制，这样可以确保孩子有足够的时间投入到学习、户外活动、社交和家庭互动中。确定规则后，不能因为孩子一再恳求就随意放宽限制。

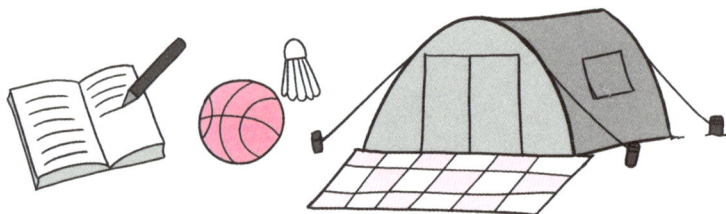

　　选择适合孩子年龄的游戏是非常重要的。对于小学生来说，游戏内容应该避免过多的暴力或成人元素，以保持他们的身心健康。家长可以通过了解游戏的内容、评级以及其他家长的评价来选择适合孩子的游戏。

哪款游戏更合适呢？

　　将游戏设备放在家里的公共区域，而不是孩子的卧室，这样你可以更好地监督和控制他们的游戏时间。同时，制订明确的玩儿游戏规则，让孩子明白规则的重要性，这对于培养他们的自律和责任感至关重要。

你可以玩儿20分钟的游戏。

好吧！

　　教育孩子如何保护自己的隐私和安全是至关重要的。家长需要向孩子强调不要与陌生人分享个人信息，并避免下载不安全或未经验证的游戏或应用程序。

这是诈骗信息，不要回复。保护好自己的隐私。

我知道了。

骗子

与孩子一起玩儿游戏可以加深你们之间的亲子关系。通过参与游戏，你可以更好地了解游戏内容和互动方式，从而更好地引导和教育孩子。

快跑，快跑！

我追上你了！

帮助孩子发展多样化的兴趣爱好是十分有益的。你可以鼓励他们尝试各种不同的活动，如体育、音乐、绘画等，这样他们可以获得更多的满足感和成就感。

先学哪个好呢？

如果你发现孩子有游戏成瘾的迹象，如长时间沉浸在游戏中、社交隔离、学业成绩下降等，你需要及时采取行动。寻求专业心理医生或心理咨询师的帮助和建议可能是必要的。

我会为你提供专业的建议。

好的，医生！

按照我们的约定，今天你可以玩儿10分钟的游戏哟！

我提前10分钟完成作业。

总之，正确引导小学生玩儿网络游戏需要家长的关注和努力。通过建立沟通、制订规则、选择适龄游戏和鼓励多样化兴趣，你可以帮助孩子建立健康的游戏习惯，同时平衡其他方面的生活。

团体活动聚人缘

小学生也要重视社交能力的培养，家长应鼓励他们广交朋友、参与集体活动，这些将有助于他们未来的成长与发展。

参与集体活动是训练社交技能的一种方式。与同龄人互动、分享经验、共同解决问题，都有助于他们更好地提高社交能力。

你喝点儿水，润润喉吧！

谢谢你！

红队加油！大家不要放弃！我们就快要到达山顶了！

我实在是走不动了！

同意！

大家轮流帮她背包吧，我们只有一起爬到山顶才能赢！

集体活动需要与他人协作才能共同完成，在这个过程中，孩子将深刻领会团队的力量，并且学会做出适当的取舍。领导力和执行力也会在这个过程中得到提高。

当孩子在集体活动中完成任务或达到目标时，自尊心和自信心会得到提升。他们会更有集体荣誉感，对于孩子的成长来说，这种积极的心理认知会促进他们心理健康的发展。

我们小组是最棒的！

NO·1

虽然我们在这次登山比赛中没有拿到集体奖，但对我个人来说是一个很大的进步！

当然，在集体活动中，孩子难免遭遇挑战与困难。这些经历正是宝贵的挫折教育，有助于孩子学会应对困难。

唉，没有得奖，好失落！

你有没有什么收获呢？

性格外向的孩子通常擅长情感表达和人际交往，能迅速融入集体。内向的孩子可能需要更多时间适应，参加集体活动为他们提供了一个不得不沟通、不得不表达的场景，有助于孩子更好地表达自己和理解他人。

我们现在要玩儿一个猜成语的游戏。

有一个人，在大树桩旁边，等着白色的小动物。

守株待兔！

其实，参加集体活动的好处不只上面所讲的这些。平时，我们要多鼓励孩子参加集体活动，并在活动后积极与他们沟通，及时发现问题并正确引导，这样才能让活动更有意义。

了解兴趣点：与孩子沟通，了解他们的兴趣和喜好是首要任务。了解他们对什么感兴趣，然后尝试找到与这些兴趣相关的集体活动。这样，他们更可能投入其中，因为活动与他们的兴趣相关。

鼓励并赞美：当孩子参与某项活动或者表现出积极性时，给予鼓励和赞美是非常重要的。这有助于增强他们的自信心，激发积极参与的欲望。

提供支持：如果孩子对参与集体活动感到紧张或害怕，提供支持和安慰是必要的。让他们知道父母或老师愿意在他们需要的时候提供帮助，可以减轻他们的压力。

培养团队精神：强调团队合作的重要性，让孩子了解在集体活动中，每个人的贡献都是不可或缺的。通过强调共同努力的意义，培养孩子的团队精神。

> 我们太棒了！

> 我们胜利了！

正确引导：如果孩子对大型的集体活动感到抗拒，可以先引导他们参与一些小规模、轻松的活动。慢慢增加参与的难度，让他们逐渐适应。

> 恭喜两位小朋友，成功了！

> 最后一块了！

> 两人一组

寻找朋友支持：如果有朋友参与相同的活动，孩子可能会更愿意加入。朋友的陪伴和支持能够减轻新环境下的紧张感。

> 我们去捉蝴蝶吧！

> 来了，来了。

> 等等我，我也跟你们一起。

尊重孩子的意愿：最重要的是要尊重孩子的意愿，强迫他们参与可能会适得其反。给予他们一些自主权，让他们在一定程度上自由选择参与的活动。

> 要和他们一起打羽毛球吗？

> 不要，我想在这玩儿沙子。

晚饭后的"游戏时间"

爸爸、妈妈，一会儿吃完饭我们一起做游戏呀？

爸爸，刚吃完饭，我们一起玩儿一会儿吧。

我休息一会儿，你看会儿电视吧。

妈妈，咱们一起玩儿一会儿呀？

我正忙着呢！

故事中的场景你是不是很熟悉？你也如故事中的父母一样，每天忙得没有时间陪伴孩子吗？我们成年人有忙不完的事情，工作、生活、健身、赚钱……那么，你是否将陪伴孩子列入日程表中，让它成为每天必须打卡的事情呢？你陪伴孩子的时候，是否专注且投入呢？

下班了!

家长都希望给孩子提供较好的物质条件，于是他们努力工作，拼尽全力。每天下班后的疲惫使很多家长根本无暇顾及孩子。

还没有拖地呢。

好多作业呀!

自从上小学后，孩子每天与父母相聚的时间并不多。白天，孩子要上学，父母要上班，只有早晚才有机会相处，但这些仅有的相处时间，也被孩子写作业、家长忙家务占据了大部分。

时光荏苒，孩子转眼间便长大成人。在这个不可逆的时光轴上，稍不留神就会错过许多珍贵的时刻。因此，把握住晚饭后那短暂而宝贵的时光，与孩子进行高效的互动与陪伴，对增进亲子关系、拉近彼此距离、弥补陪伴孩子的不足都显得尤为重要。

妈妈快出牌。

等等，我思考一下，哈哈!

我只剩两张牌了!

好好好。

妈妈陪我玩儿一会儿嘛。

为什么孩子总是黏着父母，需要他们陪呢？这是因为他们天生就有一种依恋之情，渴望从父母那里得到温暖和慰藉。正是这种需求促使孩子与父母建立深厚的感情纽带。

如果父母总是忽视孩子的情感需求，孩子的态度可能会发生变化，从最初的"爸爸妈妈，快来陪我玩儿啊"，逐渐转变成"不用了，我自己玩儿得很开心"。这样一来，父母与孩子之间可能产生情感上的隔阂，而这种负面影响可能伴随孩子的成长。

爸爸陪你一起玩儿啊？

不用了，我可以自己玩儿！

一家人来露营好开心呀！

尽管知晓陪伴孩子的重要性，但实际生活中的一些因素往往使父母难以做到，缺席可能导致孩子缺乏"安全依恋"。因此，在工作之余，家长应挤出时间与孩子共度，这对于建立亲密的家庭联系至关重要。

晚餐后的时光为何成为家长陪伴孩子的黄金时刻呢？

亲子互动时光。晚餐后的时间是一天中家庭成员聚在一起的特殊时刻。家长可以把繁忙的工作和家务暂时放在一边，全身心地陪伴孩子，亲密的互动能够让孩子感受到父母的深情厚意。

机器人来喽！

哈哈！

小恐龙来喽！

我在学校角落里发现一只蜘蛛。

今天你遇到什么有趣的事了？

情感交流契机。晚餐后的时间为情感交流提供了绝佳时机。父母可以分享一天的所见所闻，倾听孩子的想法和困扰，使家长更深入地了解孩子的内心世界。

共同学习与成长。晚餐后的时间也是家长与孩子共同学习与成长的黄金时刻。家长可以陪伴孩子完成家庭作业、共同阅读，或者参与一些有益的活动，如户外运动、艺术创作等，推动孩子的学习和成长。

这道题可以这样解答。

我懂了！

　　如果可以把时间定格，我希望每天华灯初上的时刻，都是一家人围坐在沙发前热烈讨论的画面，是一家人围坐在一起聊天儿的画面，是一家人在微风中散步、身影被路灯拉得很长的画面。我相信，这些温暖的时刻将成为孩子一生的宝贵财富、力量之源。

如果你打算利用饭后时间陪伴孩子，试试下面的方法。

马上到时间了！

最后一块积木了！

要合理安排时间。 因为游戏时间过长可能会影响孩子学习和家长休息，而且无法持续地实施下去。

一二三四，二二三四……

要安排好节目。 如果有精力，应尽量把陪伴孩子的时间列入日程表中，并与孩子商量好每天的欢乐时光做什么事情。家长和孩子可以一起学习、一起看书、一起散步、一起做家务……

我要赢喽！

不一定哟！

晚饭后的游戏不宜太激烈。 剧烈运动不仅不利于消化吸收，也可能影响孩子的睡眠。建议进行一些卡牌类游戏或者智力问答游戏等。

如果想高质量地陪伴孩子，就多跟孩子互动与沟通，想方设法带给他们不一样的生活体验。家长还要多多赞美和鼓励孩子，这样孩子才能越来越阳光和自信！

家庭游戏日

爸爸妈妈，今天是家庭游戏日，太开心啦！

今天的游戏是猜谜语，爷爷是裁判，爸爸妈妈一组，丽丽和奶奶一组。

小脸红扑扑，头上戴草帽，既能生吃又能炒菜。猜一种蔬菜。

是西红柿！

答对了！

哈哈，开心！

　　你的家里会举办家庭游戏日吗？在家庭游戏日，全家人经常玩儿什么游戏？哪天的家庭游戏日令你印象深刻？在家庭游戏日中，你获得了怎样的体验和知识？

现代社会的生活节奏快，导致家庭成员的互动和接触相对减少。在日常生活中，除了节假日以外，家庭成员很难聚在一起共度时光。

你最近学习怎么样啊？快三个月没有看到你了，是不是又长高了？

我该如何与大人交流呢？

无论是家人还是朋友，通过沟通和交流来增进彼此的感情是非常重要的。建议每隔一两个月安排一天作为家庭游戏日，邀请家里的亲人一起玩儿。这不仅是爸爸妈妈和孩子的特别时光，也是和其他亲人亲近的好机会。

家庭游戏日的好处是多方面的。首先，亲子互动是至关重要的一环。家长成为孩子的游戏伙伴，一同参与到游戏当中，此时的家长在孩子眼中是能够平等相处的，这样的亲子时光对孩子的成长十分重要，这样的互动让父母更懂孩子，也让孩子感受到亲人之间的爱。

老鹰来喽！

其次，对于孩子来说，在家庭游戏日中需要与更多家庭成员相处，有助于帮助他们培养良好的社交技能，学会与他人合作、竞争和分享。另外，通过游戏，能够促进家庭成员之间的亲情，增进彼此的了解和信任。

一起玩儿游戏，是我最期待的事情！

再次，游戏不仅是孩子规则意识、团队精神、逻辑思维和应变能力的培养皿，也是他们获得成就感和自信的源泉。游戏在孩子身心、社交和情感发展上的作用不容小觑，它是孩子认识世界的初窗。

让我来看看图纸。

这块积木要放在哪里？

最后，在中国人的文化观念中，家是每个人的港湾和根基。家庭文化的传承是家庭发展的重要部分。通过家庭游戏日，长辈能够与后代分享自己的经验、成长经历和价值观，弘扬家族传统，继承优良家风，这对于家庭的发展十分重要。

总之，家庭游戏日对家庭中的每个成员都有益处，它不仅是快乐记忆的源泉，也是家庭稳固和幸福的基础，更是培养孩子的另一方天地。

为了确保每次家庭游戏日都充满乐趣，要提前策划和准备。

首先，要共同商讨游戏日的主题。比如在不同的季节可以安排不同主题，也可以安排一些惊险刺激的活动，比如科幻之夜或者丛林探险。总之，大家共同讨论，结合时间、场地等条件，一起设计感兴趣的主题。

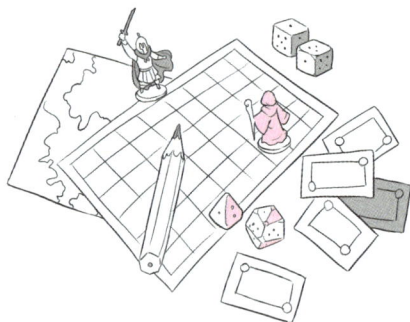

还有多远到达终点？

我来看一看。

接着，我们要根据主题策划一系列游戏和活动，比如桌游、卡牌游戏、棋牌游戏、竞技游戏等。为了确保所有家庭成员都能参与，要多安排一些适合大家共同参与的游戏。

食物也是家庭游戏日不可或缺的一部分。要准备一些小吃和饮料，让大家在游戏后能享受美味。家长可以让孩子开动脑筋，为家人准备一些特色美食。

家庭游戏日的意义如此重大、趣味多多，你是不是迫不及待地想要试试了呢？

首先，一定要注意安全。无论是游戏设置，还是食物准备，抑或是环境因素等，安全是我们首先要考虑的问题。

保质期

其次，家庭游戏日也可以适当扩大参与范围，比如邀请孩子的朋友或者自己的朋友共同参与，这样活动可能会更有趣。

你们好！

我们一起玩儿吧！

今天我特别开心！

我也是！

最后，家庭活动日结束后，最好设置一个分享的环节，让每一位成员都反馈和总结自己的感受，分享自己的收获，并提出建议。

开拓视野的旅游

世界好大呀，有这么多好玩儿的地方！

爸爸妈妈，我好想去看看这个地方，见识更多的东西！

哇，这里真的好美！

旅游让我看到了很多平时书本上学不到的东西！

一位校长曾经说过："一个人生活的广度决定了他是否优秀，而从小开始的旅程正是拓宽生活广度的起点！"旅行对孩子成长的意义非凡，那么，你有多久没带孩子出去旅行了？

亲子旅行可以促进家庭成员之间的关系。对于孩子来说，每次旅行都是一场奇妙的探险。

第一，旅行可以开拓孩子的视野。 俗话说"百闻不如一见""读万卷书，行万里路"，孩子在书本上学习的知识与到真实世界去看、去感受完全不同。开阔的视野和丰富的阅历正是孩子成长过程中所需要的。

世界很大，要出去看看！

第二，旅行可以增加孩子的知识储备。 每到一处，那里的建筑、自然景观、历史遗迹都承载着很多知识，孩子能够在了解的过程中学到更多知识。

哇！好壮观哪！

遇到问题要懂得随机应变！

在陌生的环境中，在好奇心的驱使下，孩子可能更愿意去探索和学习新的知识，进而培养他们的创造力。但有时候，旅行途中也可能遇到意想不到的问题，这时候就要孩子随机应变地去解决问题。

或许你十分赞同与孩子共同旅行，但是从想到做并不容易，要想做好就更需要下一番功夫。

首先，工作安排。作为家长，要提前做出必要的准备。

合理安排工作。

其次，财务安排。家里的一切开销都要精打细算，旅行是一笔不小的费用，更需要提前规划。

做好亲子旅行计划。

最后，如果家中有宠物，需要提前安排托管或拜托亲友照料。

在安排好工作和生活后，家长可以与孩子一起做好旅行前的准备工作。如果你希望通过旅行让孩子得到成长和进步，那么一定不要错过每一个锻炼他的机会。

首先，收集信息。 可以让孩子收集关于目的地的信息，包括当地的天气、文化、交通、医疗、景点等情况，孩子会在这一过程中学到不少新知识。

> 让我们来看看目的地的信息。

> 这是求救信号，要牢记！

> 这是什么意思？

其次，普及安全常识。 你可以借助这个机会给孩子普及安全常识，比如背下急救电话号码、学会应急处理，等等。

> 现在我们来一起核对清单吧！

> 好的。

再次，打包物品。 你可以跟孩子一起制订详细的打包清单，确认携带了所有的必需品。别小看这个过程，分门别类地管理物品并合理地放置在皮箱中，十分锻炼孩子的逻辑思维能力和动手能力。

最后， 为孩子准备一些路上的娱乐活动，比如书籍、音乐等，以便打发交通过程中的时间。

关于旅行，我有一些小提示分享给你。

首先， 选择合适的目的地。当你决定带孩子旅行时，要根据时间、经济条件、年龄、兴趣等因素，综合选择合适的目的地，建议与孩子共同探讨。

我赞同！

就去这里吧！

我带你了解一下这里的历史文化！

其次， 建议行程安排丰富多样，既有名胜古迹，也有特色美食街等，让孩子从多方面了解一座城市的文化。

我去捡些树枝，你不要乱走！

再次， 如果家长在经济上和时间上都不充裕，那么可以就近选择短途旅行，野外露营、逛公园、图书馆等都是不错的选择。利用好当地的设施，旅行也可以经济实惠。

好的，爸爸。

今天的旅游，我非常开心……

最后， 建议孩子写旅游日记，记录所见所闻和感受，这样不仅可以锻炼孩子的写作能力，也可以加深他们对旅行经历的理解和认识。家长可以跟孩子一起整理旅游中的照片，并做成电子纪念册。鼓励孩子分享旅游经历，锻炼口语表达能力和社交能力。

第五章

琐碎时间
也能沟通

高效沟通的技巧

随着孩子年龄的增长，他们开始表现出越来越多的叛逆行为，变得越来越不听话，这种情况被家长普遍称为"叛逆期"。难道青春期的孩子就像被施了魔法一样，一定要做让父母伤心失望的事情吗？还是因为我们与孩子的沟通方式出现了问题，才导致与孩子之间的关系变得越来越紧张呢？

　　亲子间的交流犹如一座架设在两座孤岛之间的桥梁。唯有通过有效的沟通，家长才能洞察孩子的内心变化，为孩子提供成长所需的支持。同时，孩子能够感受到家长的关怀和善意，从而共同建立起健康和谐的亲子关系。

我们之间的沟通要像这座桥一样，可不要断了哟！

放心吧！

　　沟通在家庭教育中至关重要。它能帮助家长识别孩子的问题，加深孩子与家长间的理解与信任。

最近在学校有什么有趣的事情发生吗？

其实，我最近学习数学有些吃力。

没关系，我们一起来找出问题，我会帮你解决的。

　　爱孩子就要学会与孩子沟通。只有通过良好的沟通，才能建立起健康、和谐的亲子关系，为孩子的成长提供助力和支持。如果沟通得好，孩子将终身受益，否则可能给孩子的心灵带来创伤。所以说，爱孩子的第一步是学会沟通。

太棒了！我相信你一定会演得非常好。

我在学校的戏剧社里被选中扮演一个主要角色！

打断对方发言，并一味抨击对方。

你的数学成绩还是这么差？最近不是一直给你补习吗？

妈妈，有时候我还是听不懂，而且……

你不是听不懂，你就是懒惰不思考！

不听取孩子的意见，自认为是。

那有什么好玩儿的，还不如买一套书！

我想要一辆遥控车。

过度批评和责怪孩子。

这些题都复习过了，怎么还是做错？

这次考试成绩怎么这么差？

一味干涉孩子的生活。

今天下午你要去上古筝课，然后再跟你的伙伴去博物馆。

但是我们约好的去公园。

天太热，去公园容易晒伤，你还是听我的吧。

　　亲爱的家长，这些情景是否让你感到熟悉？有些家长可能会过于强调自己的"家长地位"，期望孩子完全服从。但孩子们也有自己的思考，过分依赖家长会影响他们的独立判断能力。而且，我们也不能保证自己每次的决定都是正确的。因此，关键不在于听谁的话，而在于寻找科学和合理的方法。

每次不愉快的沟通之后，家长首先要反省自身的问题。因为在与孩子沟通的过程中，家长是主导。你要经常问自己：我跟孩子之间究竟出了什么问题？为什么会这样？或许，你可以从下面的文字中找出答案。

该怎么跟孩子沟通呢？

你怎么这么多问题！

生活中有很多琐事，工作压力又大，家长很容易陷入"烦"的情绪当中。下班后，我们带着这种消极的情绪回家，与孩子没说几句，烦躁劲儿就来了。无辜的孩子不知道为什么自己只是问了几个问题、犯了一个小错，父母就暴跳如雷。

有时候，家长很关心孩子的学习、生活和情感，于是想抓住一切时间，掌控孩子的一切。但孩子并没有时刻准备好跟父母沟通，你感到孩子是在敷衍你，甚至刻意远离你，埋怨孩子不懂你的苦心。

孩子为什么这么敷衍呢？

家长总觉得孩子还小，与"独立的人"相差很远，孩子很难做出正确的决定，而家长的决策和判断才是准确的，所以希望孩子无条件地接受和服从自己的想法。

> 沟通是一门有技巧的学问，很难用一两句话说清楚，但有一些基本的原则是家长在与孩子沟通的过程中需要把握的。

首先， 沟通的基础是互相尊重，而认真听孩子说话是尊重孩子的第一步。在与孩子沟通时，家长要看着孩子的眼睛，时不时点点头，表示自己在认真听。注意，家长不要在这个过程中表现出不耐烦，不要打断孩子的话。孩子讲话结束后，你可以提出问题，或对孩子的问题给予反馈。

其次， 注意说话技巧，语气柔和，尤其是提问时不要使用指责的语气，而是用询问的方式。比如，把"这次考试怎么又没考好？"换成"这次考试失误在什么地方？"；将命令式语气换成陈述式语气，比如把"赶紧洗脸刷牙，快去睡觉！"换成"还有十分钟就到睡觉的时间了，现在是不是应该准备一下了呢？"。

再次， 有智慧的父母不会整天在孩子的耳边唠唠叨叨地说个不停。这可能导致孩子对沟通产生疲劳感，进而产生抵触情绪，表现为不想说、不愿说。过多的唠叨也让信息变得杂乱无章，反而无法让孩子聚焦在关键信息上。所以，从现在起，请家长学会适当沉默。

最后， 我们可以与孩子确定时间和地点，定期召开家庭会议，促进彼此的沟通和交流。在家庭会议上，每个人都可以充分表达自己的观点，共同讨论问题并参与决策。家庭会议让沟通变得正式且高效，不仅有助于亲子关系，也让每位家庭成员得到成长。

接送路上的交流

在接送孩子的路上，你会跟孩子说些什么呢？孩子会主动跟你分享在学校的见闻吗？你是不是觉得无话可说，找不到话题？还是觉得时间太短，没有什么沟通的必要？

放学喽！

每天接送孩子上下学是许多家庭的重要日常任务。对于家长来说，这不仅是一段陪伴孩子的时间，也是增进亲子关系、了解孩子生活的好机会。

该说些什么呢？

但是，怎么才能利用好这段在路上的时间，有效地跟孩子沟通，引导他们健康成长呢？跟孩子的交流方式有很多，一句简单的"你今天中午吃了什么？"并不能达到很好的效果。

今天学到哪些新知识了？

家长们可以尝试问一些更深入、更有意义的问题。比如，"你在学校里学了哪些新东西？""有没有遇到什么有趣的事情？"等。通过这些问题，家长们可以更好地了解孩子的内心世界。

我今天交到一个新朋友！

所以，家长要用心去倾听孩子的心声，用爱去陪伴他们的成长。跟孩子们多聊天儿、多分享，这样孩子们才能更好地成长，家庭关系也会更加和谐。

在接送孩子上下学的路上，与孩子进行轻松愉快的聊天儿，好处多多！

不要气馁，勇敢面对！

我今天犯了错误。

　　首先，你能借此时机了解他们的近况和心情。比如孩子开心地说："老师夸我帮助同学，好开心！"这时候，你可以鼓励孩子继续发扬这种好品质。还可能有点儿小插曲，比如孩子说："今天在学校不小心把杯子打翻了，有点儿郁闷。"这时候，家长可以给予安慰，教导孩子勇敢面对生活中的小波折。

我们是最佳搭档！

　　其次，接送孩子上下学的过程中，互动沟通可以拉近亲子关系。家长经常忙于工作，陪伴孩子的时光屈指可数，所以接送孩子上下学这段时间是亲子交流的黄金时刻。

我来为大家演讲……

　　另外，与孩子交流能帮助他们更好地表达自己的想法和感受，提升孩子的语言和表达水平。这不仅让孩子更有自信，还为他们未来的学习和社交打下坚实的基础。

有些孩子可能比较内向，不太愿意主动与家长分享自己的学习生活。但如果家长掌握一些沟通技巧，就可以与孩子顺利地聊天儿。

首先，家长要留意自己的语气，可以在沟通时先夸夸孩子。在提问的时候，可以进行开放性的提问，比如"数学课怎么样？"或者"学校里有什么好玩儿的事？"，这样的问题能让孩子畅所欲言，真实地表达自己的想法。

让我来算一算。

这次旅游轮船开了多长时间到达目的地？

别为了聊天儿而强迫自己找话题，那样会很尴尬。孩子不爱说话的时候，就给予孩子空间和时间。如果孩子恰好"谈兴十足"，那我们就往积极的方面引导。比如孩子唠叨说今天的作业难，你可以问："做难题会让你学到新知识吗？"在不知不觉中，让孩子学会从积极的角度思考问题。

你学到了哪些新知识呢？

在接送孩子上下学的路上，家长与孩子的交流内容可以多种多样，但还是要注意一些问题。

在话题的选择上，尽量不要选择尖锐的话题，可以选择一些社会、历史、政治等孩子感兴趣的话题来探讨，避免双方在探讨的过程中发生矛盾，影响双方的情绪。

你说得不对！

我说得对！

后面说的该是什么呢？

另外，家长要把握好交流的时间，不要来了兴致就说个没完没了，一旦这样的话题在孩子的脑中盘旋一整天，势必会影响孩子的学习。

家长要学会察言观色。孩子的情绪也会有起伏变化，有时候孩子情绪高涨，喜欢谈天说地；有时候他们的情绪低落，不想动脑，也不想交流，这时候家长就不要滔滔不绝地一直输出。

怎么还在说……

唉！最近工作不太顺利。

最后，家长也可以在这个时间主动分享自己的事情。比如最近工作中遇到了什么棘手的问题或者有趣的事情等，让孩子更加了解你、体谅你。

与孩子的朋友沟通

你知道孩子最好的朋友是谁吗？你认识孩子的好朋友吗？你是否与孩子的好朋友交谈过？你了解孩子的好朋友是怎样的人吗？你喜欢孩子的好朋友吗？

如果有孩子的朋友来家里做客，那么恭喜你，你有了一个了解孩子的机会。这不仅可以帮助我们及时了解孩子的朋友圈，还可以发现孩子在人际交往中可能存在的问题。

欢迎小朋友来我家做客！

现在我们一起玩儿"秘密交换"的小游戏吧！

有时候，孩子可能不愿意把自己的"秘密"告诉家长。这时候，家长就可以与孩子的朋友成为朋友，通过他们了解孩子的一些"小秘密"。

了解孩子的朋友的重要目的之一是确定孩子交友的标准和价值观。我们都知道交友会影响一个人，如果孩子交往的朋友有不良性格或习惯，则很可能会对孩子产生负面影响。

爸爸，这是我的朋友小明，他品学兼优，尤其是足球踢得特别好。

露露总是丢三落四的，多亏了有你这个朋友在身边，你们要互相帮助哦。

放心吧，阿姨！

家长与孩子的朋友进行交流和沟通，让孩子的朋友感到被肯定，也能让他们更加熟悉彼此，从而加深友谊。这样的交流不仅增进了亲密感，也为孩子们的友谊打下了更坚实的基础。

家长与孩子的朋友相处融洽，对于孩子来说是一种优秀的社交示范。因此，家长需要特别注意自己的行为和态度。

1.家长应该用温和、友善的态度来对待孩子的朋友。当孩子的朋友来到家里做客时，家长应该表现出热情、欢迎的态度，让对方感受到家的温暖和友好。

叔叔，阿姨好！

欢迎你们来家里做客！

孩子们快进来！

2.在与孩子们交流时，家长应该多询问孩子们的兴趣和喜好。根据孩子们提供的信息，家长可以安排适合孩子们的饮食和活动。

我喜欢跑步、骑车。

我喜欢手工、美食。

3.给予孩子们足够的私人空间是尊重他们的表现。让孩子们自由地玩耍和交流是十分必要的，这可以促进孩子们之间的友谊和互动。

把球传过来！

接好了！

4.**家长也应该尊重孩子们的隐私。**不要对孩子的朋友刨根问底，这样会让孩子感到很不自在。家长应该保持适当的距离和尊重，让孩子感受到自己的独立性和自主性。

> 咱们去另一边，不要打扰孩子们交谈。

5.**在孩子们玩耍的过程中，家长需要全程监督，确保孩子们的行为符合安全和行为规范。**如果发现孩子们的行为可能危及安全，家长应该及时制止和提醒。

> 小心！这样危险！

6.**为了避免孩子们过于疯闹而影响邻居，家长可以提前告知孩子们一些基本的规则或者家规。**这些规则包括不大声喧哗、不乱扔物品等。通过遵守规则，孩子们可以学会尊重他人和遵守公共秩序。

> 要遵守这里的规则。

> 好的。

7.**当孩子们之间发生争吵时，家长不要过于紧张或过度干预。**可以引导孩子们自行解决矛盾，培养他们的沟通和解决问题的能力。如果家长过于紧张或过度干预，可能会让孩子产生依赖心理，不利于他们学会自己解决问题。

> 你这样是不对的！

> 我们不要过多干预，先让孩子们自己解决。

> 我哪里不对了！

如果你想跟孩子的朋友成为好朋友，那么就要"主动出击"。

你可以建议孩子约小伙伴来家里做客，加深孩子与孩子、家长与家长之间的互动与交流，促进家庭之间的友谊。

你好！

你好！

生日快乐！

家长可以积极参加一些孩子们的社交活动，如好朋友的生日派对、新年聚会等。你可以在这样的场合与孩子的朋友相处。

家长要积极参加学校组织的各项活动，与孩子的朋友相识，并建立联系。

现在，社交媒体平台的应用十分广泛，很多孩子也有微博、微信等社交账号，家长不妨与孩子互相关注，建立线上联系。

我们一起去参加活动吧！

可以呀！

家长想和孩子打成一片，其实很简单。关键是要真诚、友好，尊重孩子的隐私空间。同时，别忘了多和孩子交流，了解他们的想法。参加一些小型活动、社区活动或学校活动，认识其他家长，这些都是很好的方法。